朝日新書
Asahi Shinsho 805

新版

財務3表図解分析法

國貞克則

朝日新聞出版

はじめに

本書は、2016年に出版された『財務3表図解分析法』（朝日新書）の改訂版です。また、今回同時刊行した『新版　財務3表一体理解法』（同）の姉妹編という位置づけの本でもあります。『新版　財務3表一体理解法』で会計の仕組みを理解したうえで、財務分析の考え方と方法論を学ぶための書籍が本書です（これまでの改訂の流れについては、これに続く〈「財務3表」シリーズの変遷〉をご参照ください）。

『新版　財務3表一体理解法』を読まれた方は、「財務3表一体理解法」という勉強法により、会計に対するイメージがガラリと変わったと思います。今度は本書を読むことで、「図解分析法」という手法により、財務分析に対するイメージがガラリと変わると思います。

本書の目的は、会計の専門家ではない人にも、財務諸表から会社の状況や戦略が分析できるようになってもらうことです。本書が持つ2つの大きな特徴がそのことを可能にしました。

1つ目は、損益計算書（PL）と貸借対照表（BS）を図にして分析するという「図解分析法」です。人間は数字の羅列であるデジタルデータより、データをアナログ化して図にした方が、たくさんの情報を直感的に読み取ることができます。

2つ目の大きな特徴は、キャッシュフロー計算書（CS）の8パターンによる分析法です。CSは誠に重宝な財務データです。CSを見ると、会社の状況や経営者の意思が手に取るように見えてきます。

この2つの大きな特徴により、会計の専門家ではない人であっても、財務諸表から会社の状況や戦略がザックリと分析できるようになるのです。

財務分析においてまず行うことは、「収益性」「安全性」「成長性」といった会社の状況のチェックですが、「図解分析法」を使えばそれらのことが瞬時に直感的に把握できます。

図解分析に加えてCS分析ができれば、右記のような会社の状況の分析だけでなく、会社の戦略や方針（Policy）といったものまで見えてきます。さらに、図解分析とCS分析でいろいろな会社の財務分析をすることにより、現代のビジネスパーソンが世界のビジネスの潮流を理解するために、会計的に理解しておかなければならない重要な2つのキーワードは何かといったこともわかってきます。

今回の改訂にあたって、本書の中核である第2章を新しく書き下ろしました。ですから、2016年に出版された『財務3表図解分析法』（以下「旧版『財務3表図解分析法』」）をすでにお読みの方も新しい情報を得ていただけます。

同時に、本書の第2章で取り上げた分析対象企業の中には、旧版『財務3表図解分析法』で取り上げた企業も数多く入っています。それらの企業の状況は当時の状況とは大きく変わっています。そういった意味からも、旧版『財務3表図解分析法』をお読みの方も本書を楽しんでいただけると思います。

本書は、複式簿記会計の基本的な知識がある人であれば『新版 財務3表一体理解法』を読んでいなくても読み進めることができると思いますが、会計の知識に不安がある人は『新版 財務3表一体理解法』を読んでから本書に取り組んでください。

本書を読めば、会計の専門家でない人であっても、財務諸表から会社の状況や戦略が分析できるようになります。本書を読み終えるころには、みなさんもご自身でいろんな会社の財務諸表を分析してみたくなると思います。附章の一部分を除けば、今回の改訂で本書に難しいところはなくなりました。楽しみながら読み進めてみてください。

國貞克則

〈「財務3表」シリーズの変遷〉

私が書いた「財務3表」シリーズには、図のように「理解編」と「分析編」がありま す。

「理解編」は2007年に『決算書がスラスラわかる 財務3表一体理解法』として初めて世に出ました。2016年に大改訂を行い『増補改訂 財務3表一体理解法』とし、BSの「純資産の部」の詳細、税法上大改正された減価償却の制度、組織再編の会計、

「財務3表」シリーズの変遷

出版年	理解編	分析編
2007	『決算書がスラスラわかる 財務3表一体理解法』	
2009	↓	『財務3表一体分析法 「経営」がわかる決算書の読み方』
	↓ 改訂	↓ 改訂
2016	『増補改訂 財務3表一体理解法』	『財務3表図解分析法』
	↓ 改訂し2分冊に	↓ 改訂
2021	『新版 財務3表一体理解法』 この太枠の2冊が基礎編 『新版 財務3表一体理解法 発展編』	『新版 財務3表図解分析法』 一部の内容を発展編に移した

国際会計基準（ＩＦＲＳ）などについて大幅に加筆しました。そして、今回の改訂でそれを２分冊にし、基礎編を『新版 財務３表一体理解法』、発展編を『新版 財務３表一体理解法 発展編』としました。

「分析編」は２００９年に『財務３表一体分析法「経営」がわかる決算書の読み方』（以下「初版の『財務３表一体分析法』」）が出版され、それが２０１６年に改訂され旧版『財務３表図解分析法』になり、今回の改訂で『新版 財務３表図解分析法』になりました。

「理解編」と「分析編」の今回の同時改訂にあたって、『新版 財務３表図解分析法』

は『新版　財務3表一体理解法』を読みさえすれば読み進められる内容にとどめました。『新版　財務3表一体理解法』と『新版　財務3表図解分析法』の2冊を基礎編という位置づけにしたことにより、この2冊の内容は改訂前と比べて格段にわかりやすくなっています。

また、『新版　財務3表一体理解法』、『新版　財務3表図解分析法』、『新版　財務3表一体理解法　発展編』の3冊は、改訂にあたり文字を大きくしたので、その面でもさらに読みやすくなっていると思います。

私の「財務3表」シリーズは、大学生から大企業の役員クラスまで幅広い層の方々が読んでくださり、すでに80万部を超える出版部数になっています。「財務3表」シリーズが今後さらに多くの人々に広まり、会計の理解に苦しむ多くのみなさんのお役に立つことを願っています。

新版　財務３表図解分析法

目次

附章　財務分析のための補足　211

チャート作成　谷口正孝

第1章　財務分析の考え方を知ろう

(1) 財務諸表には何が書かれているか

財務分析を行うにあたり、まずは財務諸表に何が書かれているかをザックリと理解しておきましょう。『新版 財務3表一体理解法』でも説明したことですが、すべての会社は、お金を集める→それを何かに投資する→そして利益をあげるという3つの活動を行っています。図表1-1の通りです。

ほとんどのビジネスパーソンは、利益をあげるという活動、つまり売上や費用や利益に責任を持っていますから、事業全体を意識することはあまりないかもしれません。しかし、会社を興したことがある経営者は、この3つの活動のことをだれでも知っています。

事業を始めようとすると最初にお金が要ります。それを資本金や借入金といった形で集めてきます。なぜお金が要るかといえば、それは投資のためです。製造業なら工場建設、飲食業なら店舗取得のためにお金が必要になります。そして、その投資した工場や

図表 1-1　**すべての会社に共通する3つの活動**

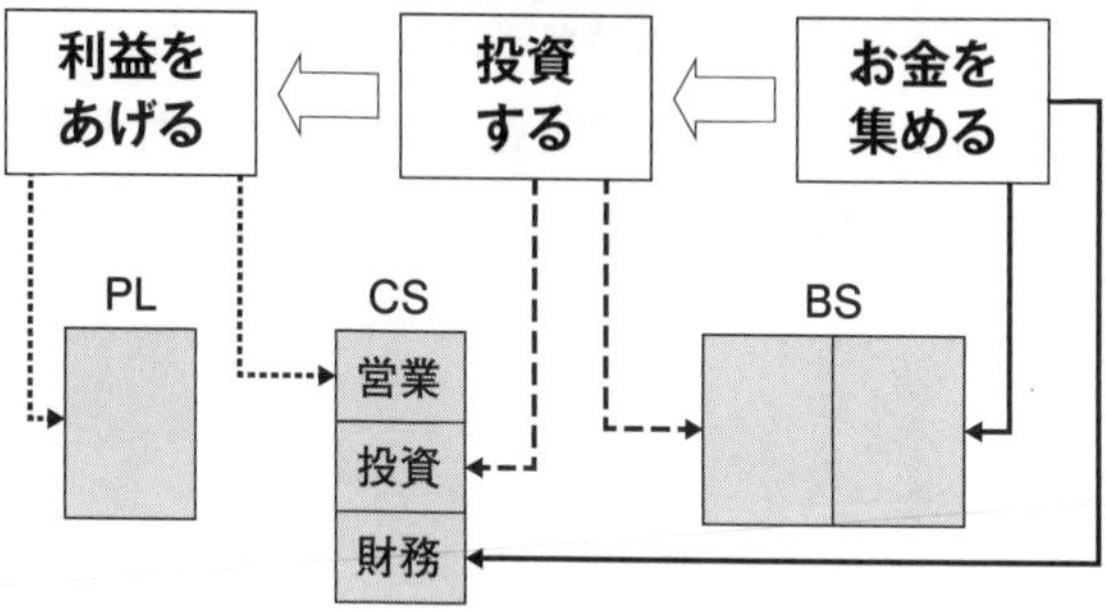

店舗を使って利益をあげるわけです。

商社や小売業は集めたお金を商材に投資します。その商材を販売して利益をあげます。私の仕事である研修講師のようなサービス業は、最初に多くのお金を必要としません。しかし、サービス業でも事務所は必要ですし、机や本棚も必要です。わずかなお金ではありますが、それを何かに投資し、その投資したものを活用して利益をあげているのです。

この［お金を集める］→［投資する］→［利益をあげる］という3つの活動は、すべての事業に共通する3つの活動です。そして、この3つの活動が損益計算書（PL）と貸借対照表（BS）とキャッシュフロー計算書（CS）という3つの表であらわされているのです。

図表1-2
事業全体のプロセスが財務3表で表されている

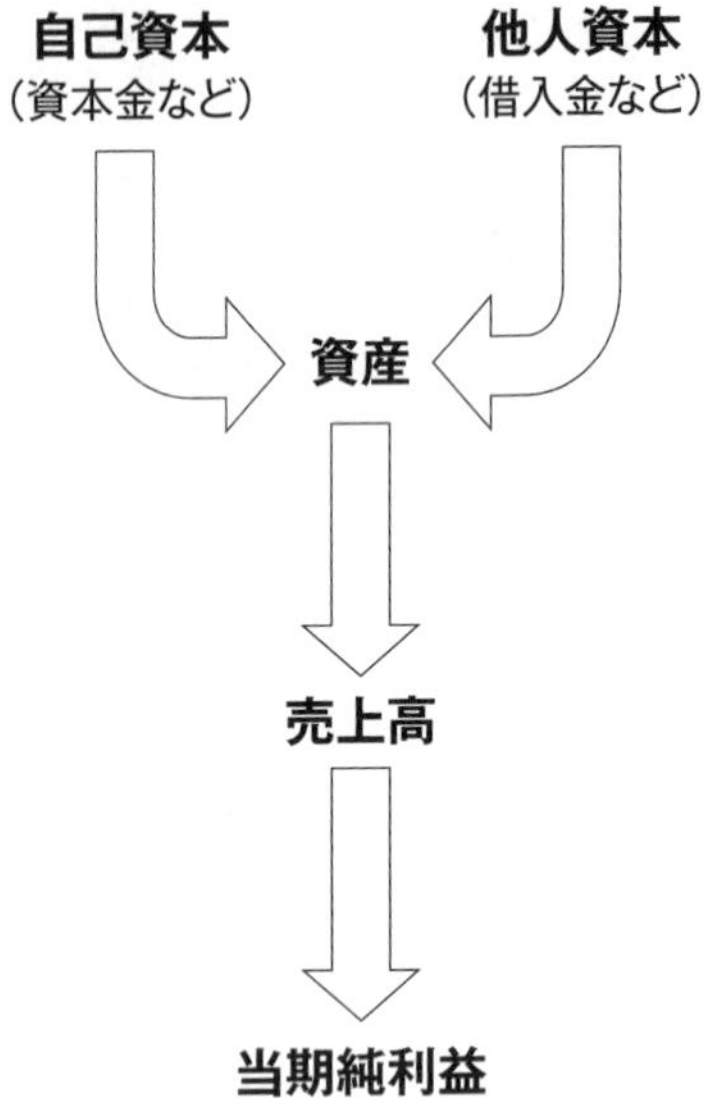

この3つの活動を縦にして、お金を集めるところを、資本金などの自己資本と、借入金などの他人資本の2つに分け、投資と利益の間に売上高を入れたのが図表1－2です。

これが事業全体のプロセスです。この事業全体のプロセスが財務3表で表されているのですから、まず私たちは財務3表から、この事業全体のプロセスが効率よく運営されているかどうかを分析してあげればいいのです。

（2）会社にとって大切な4つの数字

社長の大切な仕事のひとつは、この事業全体のプロセスを効率よく運営することです。この事業全体のプロセスが、株主から見て効率よく運営されているかどうかを評価する財務分析指標として大切なのがＲＯＥです。

ＲＯＥとはReturn on Equityの略で、この場合のReturnは当期純利益を意味し、Equityは自己資本を意味します。次のページの図表1－3で言えば、当期純利益を自己資本で割ったものがＲＯＥです。

『新版 財務3表一体理解法』で説明したように、株式投資における資本金と当期純利益の関係は、定期預金における元金と利息の関係によく似ています。株式投資では、株主が出資した資本金が、1年間の事業活動を通して当期純利益を生み出します。それは、定期預金に預けた元金が、定期預金という1年間の財務活動によって利息が生み出されるのと似ているのです。

図表 1-3
事業の効率を評価するうえで大切なROE

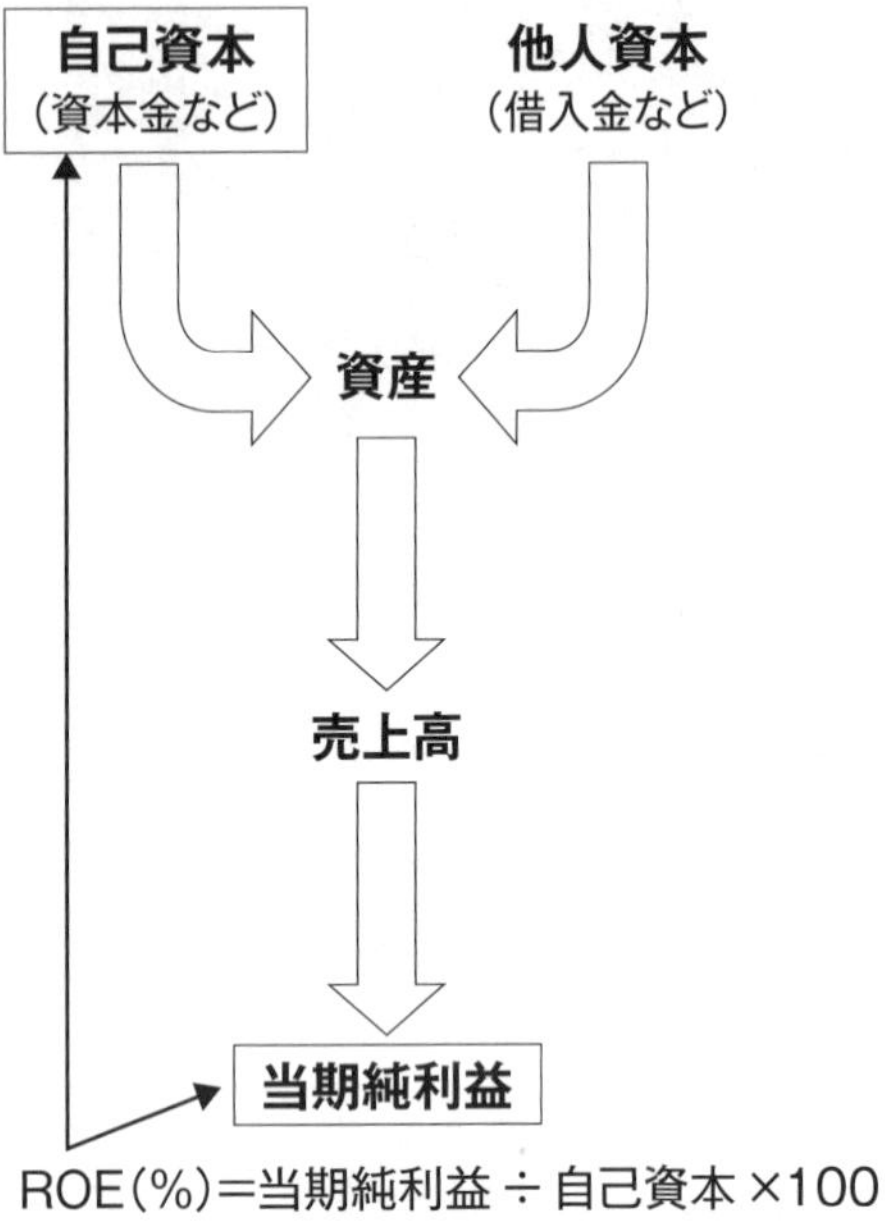

つまり、ＲＯＥとは事業という金融商品の利率を計算しているようなものなのです。
株主にとっては、自分が出資した資本金が１年間にどれくらいの利息（当期純利益）を

生んでいるかはとても気になるところでしょう。

さらに言えば、株主は出資している会社から配当金をもらわなければ出資の意味は薄れます。利益の配当は、繰越利益剰余金をベースに行われます。その繰越利益剰余金とは当期純利益が積み上がったものです。つまり、配当金のベースになる繰越利益剰余金、その元になる当期純利益が、自分が出資した資本金との関係の中で、どれくらい生み出されているかは、株主にとって非常に関心があるところなのです。

もし、ここまでの説明についてこられないようであれば、先に『新版 財務3表一体理解法』をお読みになってから本書に取り組んでください。

話を戻しましょう。昨今では、日本にも「会社は株主のものである」との考え方が色濃く入ってきて、「モノ言う株主」も増えてきました。だからこそ、最近では多くの上場企業が重要な経営目標として、ROE10％以上などといった、ROEの数値目標を明確にしているわけです。

事業全体の効率を株主の視点から評価しようと思えば、やはりROEは重要な指標になります。ただ、事業全体をさらに3つのフェーズに分割すると、どこをどのように効率よく経営しているのかどうかが分析できます。

図表1－4をご覧ください。一番下の第3段階から説明しましょう。これは売上高をいかに効率よく利益に変えているかを見るところです。計算式は当期純利益÷売上高です。

みなさん想像してみてください。例えば、同じ業種・業態の飲食業を営むA社とB社があったとします。同じ業種・業態の飲食業で同じ売上であっても、たくさんの利益をあげられる会社もあればそうでない会社もあります。売上を利益に変える経営の効率を表しているのが当期純利益率です。

次は第2段階です。これは投下した総資本、言葉を換えれば調達した総資産をいかに効率よく使って売上高に変えているかどうかという分析指標です。計算式は売上高÷総資本です。BSの右側の合計を総資本、左側の合計を総資産と言いますから、総資本回転率でも総資産回転率でも計算される数字は同じです。

同じ業種・業態の飲食業を営むA社とB社が、同じ立地に同じ大きさの店舗を隣りあわせに出店していたとします。同じ立地・同じ大きさの店舗からたくさんの売上をあげ

図表 1-4
事業全体を3つのフェーズに分割して分析する

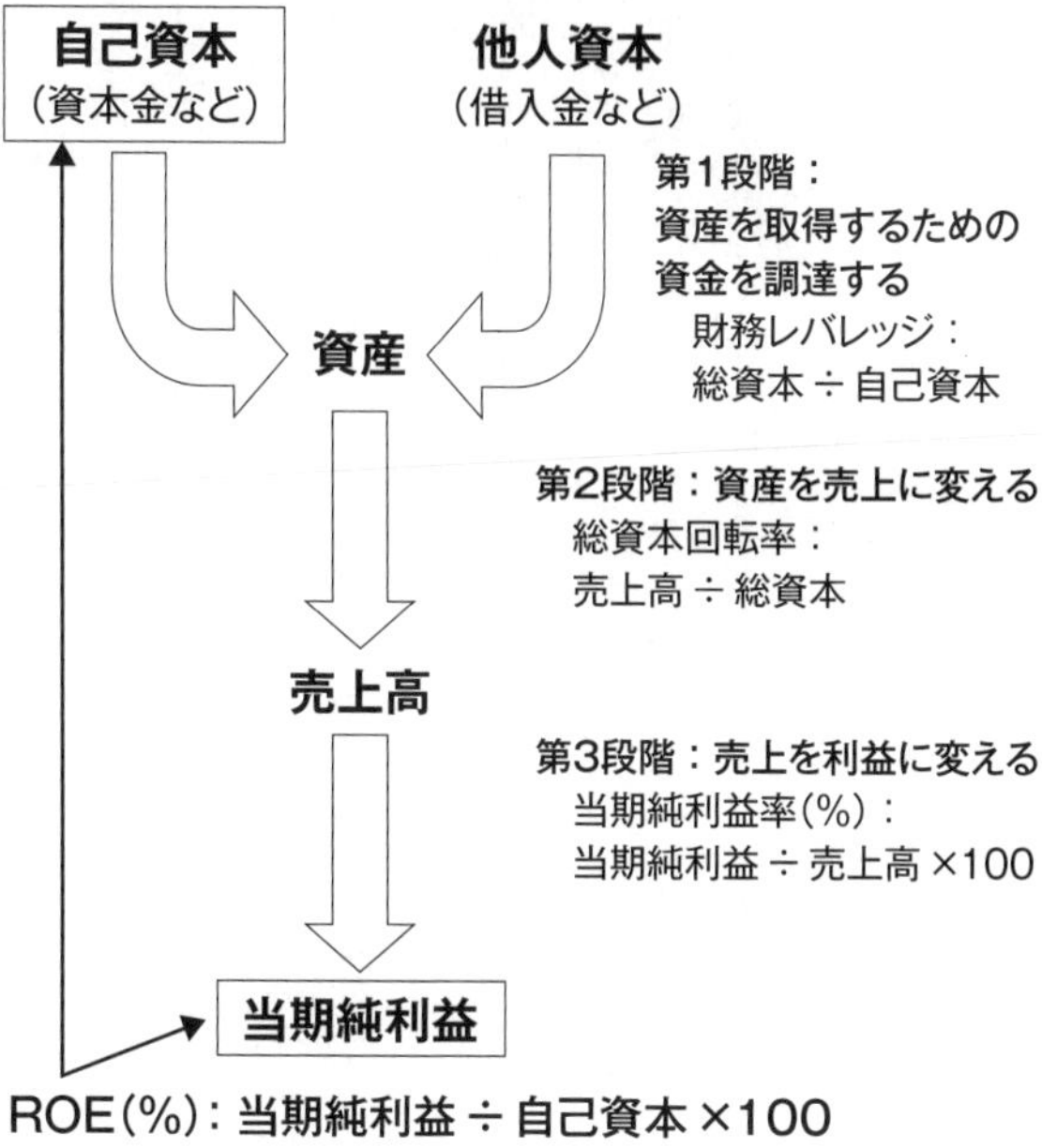

＊デイビッド・メッキン著『財務マネジメントの基本と原則』（東洋経済新報社）から一部修正して転載

られる会社もあれば、ほとんど売上をあげられない会社もあります。投資の効率を見るのが総資本回転率です。

最後は一番上の財務レバレッジです。計算式は総資本÷自己資本です。要は自己資本に対して他人資本をどのくらいの割合で使っているかを見ているものです。レバレッジ(Leverage)とは梃子《てこ》という意味です。なぜ、梃子なのかということを図表1-5で説明します。

ここからはみなさんは、図表1-5の事業全体のプロセスを表す会社の社長になった気持ちで読み進めてください。

みなさんの目の前に、1000万円の投資が必要な事業があったとします。この1000万円の投資は、1000万円の売上を生み出すとします。総資本回転率「1」の事業です。そして、この1000万円の売上は、普通に経営すれば100万円の当期純利益を生み出すことができる事業だと思ってください。当期純利益率10%のビジネスです。

この事業は、だれがやっても必ずこうなる、つまり間違いのない確実なビジネスだったとします。だとすれば、この投資に必要な1000万円はどのように調達すればよい

図表1-5　**財務レバレッジとは**

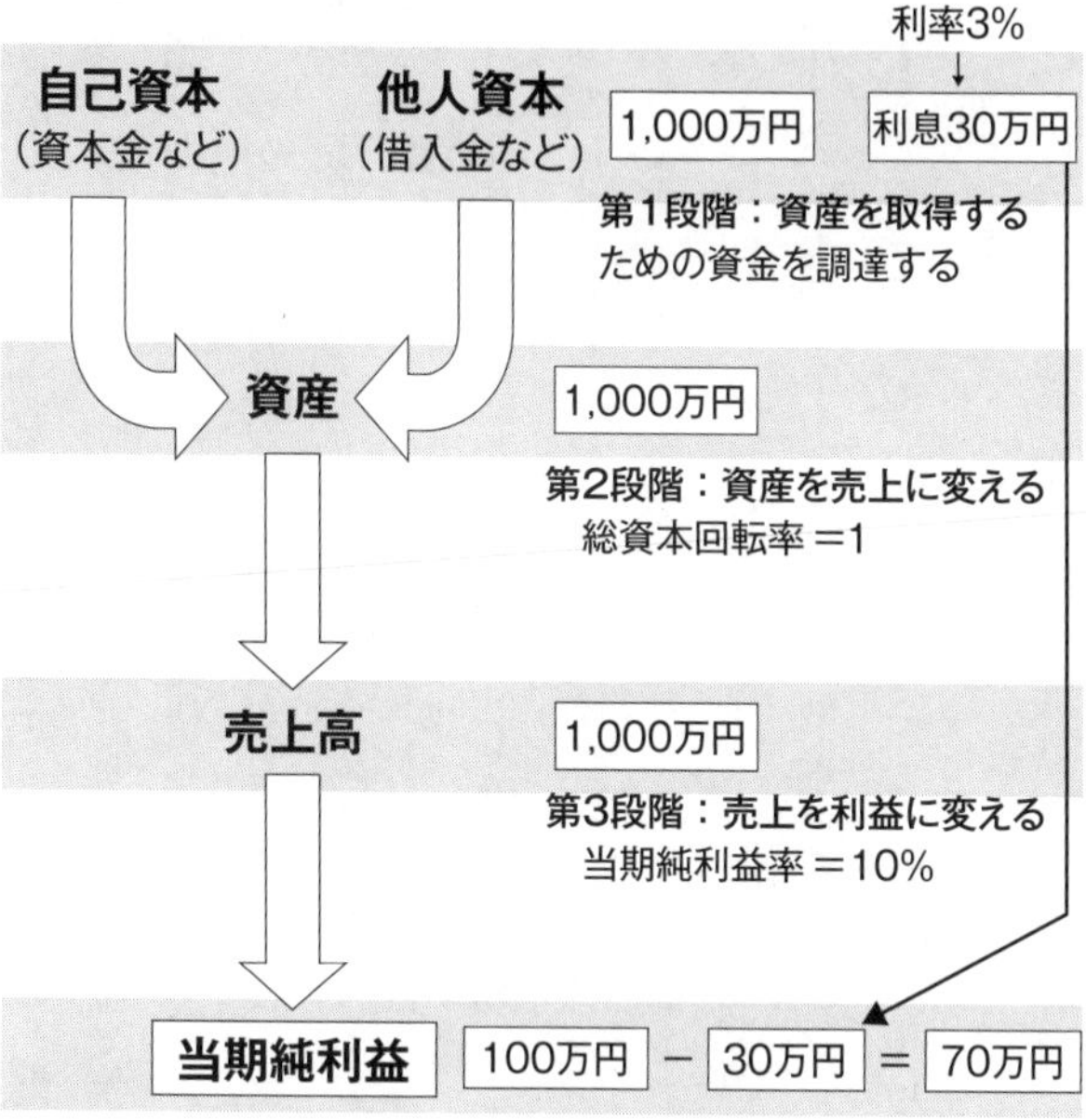

のでしょうか。

もし、この事業が間違いのない確実なビジネスだとするならば、この会社の株主の視点から言えば、投資に必要な1000万円は、借入金で調達してくれるのがありがたいのです。

借入金の元金部分はPLには影響ありません。PLに影響があるのは利息だけです。この1000万円の借入利率が3%だったとすれば、この借入により新たに年間30万円の支払利息が発生します。この事業の当期純利益率10％が、資金調達のことを考えない利益率だったとすると、資金を借入金で集めることにより利益は支払利息分の30万円が減り、70万円の当期純利益になります。

ところが、この会社の株主の視点から言えば、この会社の経営者は、自分たち株主の資本金を1円も変えず、借入金という梃子をうまく利かせて、利益を増やしてくれる有能な経営者であるという評価につながっていくのです。

レバレッジという言葉は、欧米の年次報告書である Annual Report には頻繁に出てきます。欧米の経営者は、株主から委任されて会社を経営しているという意識を明確に持っています。経営者の役員報酬は株主総会で決議され決定されます。会社の経営者は株主総会に出席し、「私は株主のみなさんの資本金を預かって経営をしてまいりました。私は株主の資本金を1円も変えず、借入金というレバレッジを利かして、利益だけ増やせる有能な経営者なのです。ですから、役員報酬を上げていただいたらいかがでしょうか」と株主に訴えるのです。

では、目の前に事業があれば、何でもかんでも借金をして実施すればよいのでしょうか。それはそうではありません。今度は、会社にとってのお金の集め方という視点から言えば、借入金は比較的リスクの高いお金の集め方です。なぜなら、借入金でお金を集めてくれれば、赤字であろうが黒字であろうが、利息の支払い義務があります。もちろん金融機関との約定で決まっている元金部分の返済も、赤字であろうが黒字であろうが行わなければなりません。

一方、資本金でお金を集めてくれれば、赤字が続いて欠損があれば配当する必要はありません。さらに、元本部分の資本金は返済の義務がありません。そういう意味で、会社にとってのお金の集め方という点では、借入金は資本金よりはるかにリスクが高いのです。

経営者のひとつの仕事は、目の前にある事業の確からしさと、お金を集めてくる方法の特徴を考えながら、どの事業をどうやってお金を集めてきて実施するかを判断することです。

例えば、ベンチャービジネスのような成功の確率の低いビジネスを、借金をして行ってはいけないのです。そんなことをしたら、ほとんどのビジネスが失敗し、借金だけが残るということになってしまいます。

ここまでの財務分析の考え方をまとめておきましょう。財務諸表にはたくさんの数字が並んでいます。しかし、私たち会計の専門家ではない人間が、財務諸表からザックリと会社の状況を分析しようと思えば、まずはたった4つの数字、すなわちROE・財務レバレッジ・総資本回転率・当期純利益率をチェックすればいいのです。そうすることで、分析対象会社がどこのフェーズをいかに効率よく経営しているかどうかがわかるのです。

最近、ROEに関連する財務分析指標としてROICが注目されています。ROICについては、附章の232ページで詳しく説明します。

(3) デュポン・モデル

これまで説明してきたプロセスを、PLとBSの図を使って表せば、資本主義社会の仕組みが見えてきます。次のページの図表1‐6をご覧ください。右側がPL、左側がBSです。図の大きさは、それぞれの項目の金額の大きさを表しているとイメージしてください。

資本主義社会における事業は、株主の自己資本から始まります。もし、自己資本の額だけで事業を行おうとすれば、自己資本の額だけの資産しか調達できません。だれか株主以外の人が「この事業は面白そうだ」と言ってお金を貸してくれれば、他人資本として株主以外からもお金が集まります。このように、自己資本に対してどのくらいの他人資本を使っているかを表すのが、財務レバレッジです（図中の①）。

次に、調達した資産を使って売上をあげます。この総資本と売上高の比が総資本回転率です（②）。この売上高を当期純利益に変えていくのが当期純利益率です（③）。そし

図表 1-6　**資本主義社会における事業のプロセス**

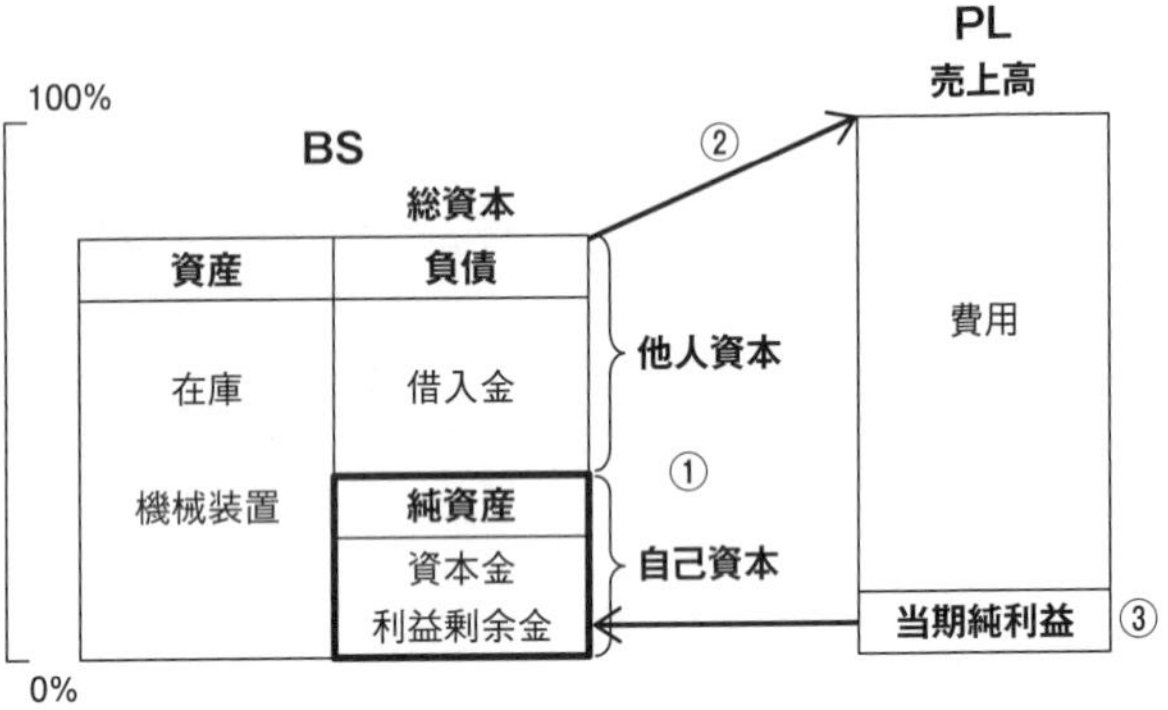

て、この当期純利益がＢＳの利益剰余金に積み上げられて、株主の自己資本を増やしていくのです。

この全体のプロセスが、資本主義社会における事業の仕組みです。つまり、資本主義社会とは、株主の資本金を元手に事業が始まり、他人の資本も使って事業を行い、その事業によって生み出された利益が、株主の自己資本を増やしていくという仕組みなのです。

実は、事業全体の効率を評価するＲＯＥという数字は、財務レバレッジと総資本回転率と当期純利益率の掛け算で計算できます。それを表したのが図表１－７です。

図表１－７の①、②、③は、図表１－６の該

図表 1-7　デュポン・モデル（DuPont Model）

$$\text{ROE} = \frac{\text{総資本}}{\text{自己資本}} \times \frac{\text{売上高}}{\text{総資本}} \times \frac{\text{当期純利益}}{\text{売上高}}$$

①	②	③
財務レバレッジ	総資本回転率	当期純利益率

当するプロセスを表しています。図表1－7の掛け算は、分子と分母の同じ項目が消されます。分子の総資本と分母の総資本が消され、分子の売上高と分母の売上高が消されます。残るのは、分子が当期純利益だけで、分母が自己資本だけです。当期純利益÷自己資本は、まさしくROEの計算式です。つまり、事業全体の効率を表すROEの数値は、財務レバレッジと総資本回転率と当期純利益率という、それぞれのフェーズの分析指標を掛け合わせることで求まるのです。

これが、1920年代にアメリカの化学会社 DuPont（「デュポン」）が導入した業績管理手法の考え方なのです。資本主義社会の構図と複式簿記会計の仕組みをシンプルに説明してくれています。

ちなみに、各プロセスを評価する場合に、総資本回転率と当期純利益率は一般的に高い方が良い数字であると言えますが、財務レバレッジだけは高いから良い、低いから悪いといった種類のものではありません。財務レバレッジが高いということは、たくさんの借金をして意欲的に事業展開していると言えますが、逆にリスクが高い事業運営でもあります。一方で、財務レバレッジが低いということは、安定的に事業を行っていると言えますが、逆に挑戦的でないということかもしれません。財務レバレッジは良し悪しを判断するというより、事業経営の姿勢や方向性を表している指標なのです。

なお、このようにPLとBSの数字を使って財務分析指標を計算する場合、BSの数字は通常期首と期末の平均をとるのですが、本書では便宜的にすべて期末の数字を使って計算しています。悪しからずご了承ください。

（4）キャッシュフロー分析

私の「財務3表一体理解法」という会計勉強法の特徴は、PLとBSの関係の中でCSが理解できることです。『新版 財務3表一体理解法』を読んでCSが理解できているということは、これからみなさんが財務分析をするうえで、とても役立つことになるでしょう。これからCSの見方を詳しく説明していきますが、CSを見れば、会社がどんな状況であるかとか、経営者が何を考えて経営しているかがわかります。

CSは、毎年会社がどこからキャッシュ（現金）を得て、それを何に使ったかが一目瞭然になる表です。PLは正しい利益を計算する表で、BSはある時点の財産残高一覧表です。どちらもそれはそれで意味がある表ですが、PLとBSからは、1年間の事業活動による現金の動きが簡単には見えてこないのです。それを可能にしているのがCSです。

いまやアメリカの金融機関が企業に対して第一に提出を求めるのがCSのようです。

それは、CSを見れば、1年間の現金の動きを通して、その会社の事業活動が手に取るようにわかるからでしょう。

また、PLは1事業年度の正しい利益を計算するために、会計上のルールや前提にしたがって利益を計算していきます。しかし、そのことが少し悪用されれば簡単に粉飾につながっていきます。ところが、CSは表の一番下の現金残高が、実際の現金残高と一致していないと、どこか間違っているわけです。したがって、比較的粉飾しにくいのがCSとも言えます。金融機関が最初に提出を求める理由もそのあたりにあるのだと思います。

CSは現金の出入りを表す収支計算書です。それが、「営業キャッシュフロー」「投資キャッシュフロー」「財務キャッシュフロー」の3つの欄に分かれているだけです。したがって、これら3つの欄がそれぞれ、現金が増えていっている場合（＋）と、現金が減っていっている場合（－）に分かれます。この（＋）と（－）の組み合わせは、図表1－8に示すように（＋、＋、＋）から（－、－、－）まで、8通りのパターンがあります。

これら8つのパターンから会社の状況や経営者の意思が読み取れます。具体的なパタ

図表1-8　**CSの8つのパターン**

パターン番号	①	②	③	④	⑤	⑥	⑦	⑧
営業キャッシュフロー	＋	＋	＋	＋	－	－	－	－
投資キャッシュフロー	＋	＋	－	－	＋	＋	－	－
財務キャッシュフロー	＋	－	＋	－	＋	－	＋	－
キャッシュフローのパターンから、会社の状況を推測した一例	営業活動で現金を生み出しているうえに、借入などで現金を増やしている。さらに、資産を売却している。将来の大きな投資のためにお金を集めているのだろうか。	営業活動と資産売却により現金を生み出し、借入の返済を行っている。財務体質を改善しようとしている会社だろうか。	営業活動で現金を生み出したうえに、借入などで現金を増やし、積極的に投資活動を行っている。将来の戦略も明確な積極拡大型のパターン。	営業活動で生み出した現金を、投資活動や借金の返済に充てている。潤沢な営業CFがある会社だろう。	営業CFのマイナス分を、資産の売却や借入などでまかなっている。問題会社の一般的なパターン。	営業CFのマイナス分と借入金の返済分を、資産の売却でまかなっている。過去の蓄積を切り売りして事業を継続している。たくさんの資産を持っている会社なのかもしれない。	営業活動で現金を生み出せていないが、投資活動を行っている。営業CFと投資CFのマイナス分を借入などでまかなっている。現状は苦しいがよほど将来に自信があるのだろう。	営業活動で現金を生み出せていないのに、投資活動を行い、借金の返済もしている。過去によほどの現金の蓄積があったのだろう。

ーンの説明をする前に、営業・投資・財務のそれぞれのキャッシュフローの（＋）と（－）の意味を確認しておきましょう。

営業キャッシュフローは営業活動によって会社のお金が増えているか減っているかを表しています。投資キャッシュフローは投資活動による現金の出入りです。設備投資をしたり有価証券を購入したりしていれば会社からお金が出ていくので（－）、逆に保有していた設備や有価証券を売却していれば会社にお金が入ってくるので（＋）です。財務キャッシュフローは借金をしたり新株を発行したりしていれば会社にお金が入ってくるので（＋）、逆に借金を返済したり配当したりしていれば会社からお金が出ていくので（－）です。

営業・投資・財務のそれぞれのキャッシュフローの（＋）と（－）の意味を確認していただいたうえで、CSの8つのパターンのいくつかを説明しておきます。

まず、パターン⑤の（－、＋、＋）の例です。営業キャッシュフロー（以下、CF）がマイナスということは、営業活動をやればやるほど現金が少なくなっていることを意味します。これは、営業収入より仕入支出や人件費の支払いの方が多い、営業効率の悪い会社です。会社には天からお金が降ってきたりはしませんので、営業CFがマイナスの会社は一般的に財務CFがプラスになっていることが多いです。営業活動でお金が足りなくなっている分を、人様から借りて、なんとかキャッシュを回している状況なのです。

さらに、調子の悪い会社は投資CFまでプラスになっています。投資CFがプラスということは、投資活動によって会社にお金が入ってきていることを意味します。つまり、持っていた土地を売却したり、保有していた株式を売却したりしているような場合です。

つまり、パターン⑤の（−、＋、＋）の会社は、営業効率が悪く営業すればするほど会社のお金が少なくなっていて、それを借金するだけでなく、自分の会社の資産を切り売りしてなんとかキャッシュをつないでいる会社です。こんな状況が何年も続けば会社はダメになってしまいます。

一方、調子の良い会社は営業CFがプラスになっています。営業活動で現金が増えているということです。営業CFがプラスの会社は一般的に財務CFがマイナスになっています。パターン②の（＋、＋、−）やパターン④の（＋、−、−）の会社です。財務CFがマイナスということは、借金を返済して自己資本比率の高い安定した企業を目指していたり、株主に多額の配当をしたりしていることを意味しています。

さらに、社長に先見の明があって、将来に向けて積極的な投資活動を行っているような会社が、パターン③の（＋、－、＋）の例です。積極的な投資活動を行っているということは、投資のためにお金が会社から外に出ていっているということですから、投資CFが大きなマイナスになっています。この投資に必要なお金を自分で稼いできたお金のみならず、借入金や新株発行や社債発行で集めてくるわけです。ですから、営業CFと財務CFがプラスになっています。

図表1－8の下側に、8つのパターンの会社がどんな会社であるかを推測した一例を示しています。みなさんもそれぞれのパターンについて、会社がどのような状況になっているか、社長が何を考えて経営しているかを推測してみてください。図表1－8は単なる一例です。他にもいろんな状況が考えられると思います。

特に投資CFと財務CFについては、もう少し中身を詳細に見ていく必要があります。投資CFが動く場合は、大きく2つの種類が考えられます。それは、設備投資などの固定資産の売買の場合と、有価証券の売買の場合です。これら2つの種類の動きでは経営の方向性が異なります。

また、財務ＣＦが動く場合も、大きく２つの種類があります。それは、借入金の実行や返済という場合と、配当や自己株式の取得といった場合です。財務ＣＦが同じマイナスであっても、借入金の返済と配当金の支払いではその意味は異なります。

ＣＳの８つのパターンから会社の状況をまずザックリと把握し、そのうえでＣＳの各欄の詳細をみれば、会社の具体的な活動や、経営者の意思が見えてきます。具体的な事例については、第２章で詳しく説明します。

第2章　財務3表図解分析法

(1) 図解分析の基本

第1章で説明した財務分析の基礎知識をまとめておきましょう。財務諸表にはたくさんの数字が並んでいます。しかし、私たち会計の専門家ではない人間が財務諸表からザックリと会社の状況を分析しようと思えば、まずPLとBSからROE・財務レバレッジ・総資本回転率・当期純利益率の4つの数字をチェックし、次にCSのプラスとマイナスの8つのパターンをチェックすればよいのです。

ただ、財務諸表の見るべきところがわかったからといって、細かい数字がたくさん並んでいる財務諸表にそのまま突っ込んでいくことを私はお勧めしません。私たち会計の専門家ではない人間は、図解分析という方法を多用すべきだと思います。人間は、数字の羅列であるデジタルデータより、データをアナログ化して図にした方が、たくさんの情報を瞬時に直感的に読み取ることができます。

次のページの図表2-1-1はANAホールディングス株式会社（全日空、以下「A

NA」）の2020年3月期のPLとBSを、総資本や売上高といった各項目の数字の大きさが、図の大きさでわかるように作図したものです。

このような図を作ったら、この図をどのように見ていけばよいのでしょうか。事業のプロセスにしたがって見ていけばいいのです。つまり、ANAはこれまでにどのように「お金を集めてきたか」を、BSの右側からチェックしていきます。

BSの右側下部の濃い網掛けになっている「純資産の部」のところが自分で集めてきたお金である「自己資本」、その上の流動負債と固定負債を足した部分が他人から集めてきた「他人資本」です。この自己資本と他人資本の比が財務レバレッジです。計算式は、総資本÷自己資本でした。

BSの右側を見るときに必ずチェックしておいていただきたい項目が2つあります。「有利子負債」と「利益剰余金」です。

「有利子負債」とは読んで字の如く、利子の有る負債のことです。つまり会社の借金です。具体的に言えば、短期借入金・長期借入金・社債などです。

なぜ「有利子負債」をチェックするかと言えば、『新版 財務3表一体理解法』で勉強

図表 2-1-1　ANA（全日空）の 2020 年 3 月期の PL と BS

ROE	2.6%
財務レバレッジ	2.40
総資本回転率	0.77
当期純利益率	1.4%

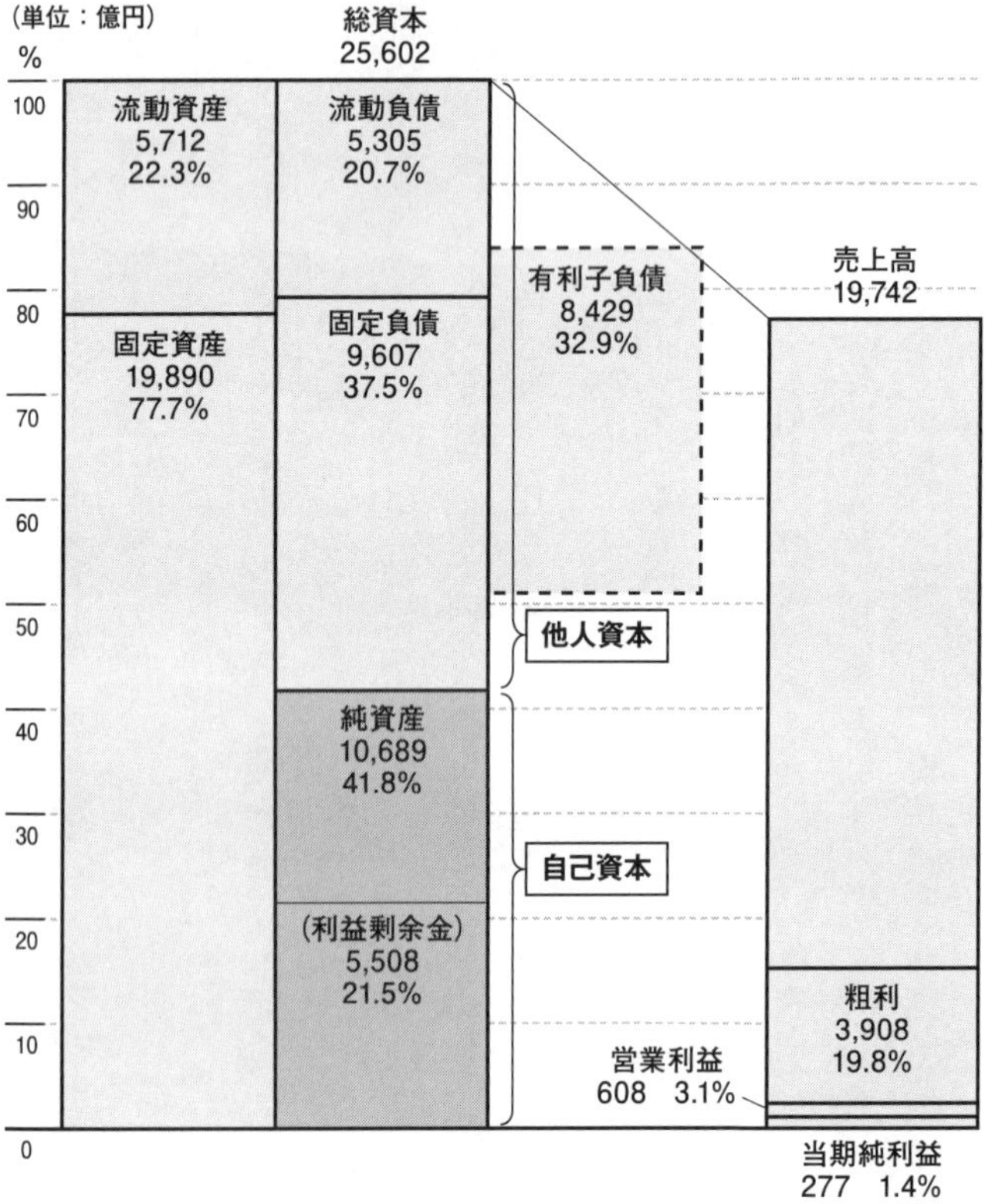

していただいたように、負債の中には買掛金・未払法人税・預かり金といった、純粋な借金ではない負債もたくさん入っています。ですから、会社の純粋な借金だけを「有利子負債」としてBSの右側に抜き出して記載しているのです。

BSの右側でチェックしておいていただきたいもう一点は「利益剰余金」です。「利益剰余金」は基本的に過去の利益が積み上がったものですから、過去の業績を推し量る意味でもこの「利益剰余金」が重要なのです。

私は「社長の右腕業」として中小企業の社長のお手伝いをしてきましたが、顧問契約を結ぶ際には必ずその会社の財務諸表を見せていただきました。その際に自然と一番に目が行ったのが「有利子負債」と「利益剰余金」でした。

そして、「有利子負債」が極端に少なくて、「利益剰余金」がたくさん積み上がっている財務諸表を見ると、お世辞も含めてその会社の社長に申し上げていたのは「立派な経営をしてこられたんですね」ということでした。実は、「有利子負債」が少なくて「利益剰余金」がたくさん積み上がっているからといって、必ずしも立派な経営をしてきたかどうかはわかりません。ただ間違いなく言えることは、そのような会社は過去に素晴らしい環境の中で経営ができていたということです。なぜなら、借金をする必要もなく、過去に莫大な利益をあげ続けてきたということですから。

ただ、配当すれば利益剰余金は少なくなりますから、利益剰余金が積み上がっていなくても、過去に利益を出し続けている会社はあります。しかし、一般的には有利子負債が少なくて利益剰余金が多い会社は優良企業が多いと言えます。例えば、後ほど出てくるNTTドコモ、グーグル、フェイスブックなどは、有利子負債が極端に少なく利益剰余金が山ほど積み上がっている会社です。

逆に、利益剰余金が少なくて有利子負債が多い会社が、一概に悪い会社だとは言えません。そのことは、後ほど具体的にそのような会社を例にとって説明します。

BSの右側の次に見るのはBSの左側です。ここに経営の戦略が表れます。何に投資しているかということが表れるからです。たくさんの資産を現金のまま保有している会社もあれば、積極的に何かに投資している会社もあります。ただ、それはBSの左側に書かれている項目と数字を細かく見てみなければわかりません。

読者のみなさんは、まずザックリとBSの左右を見て、この会社の経営の安全性を瞬時に読み取ってください。これは『新版 財務3表一体理解法』の第1章でも説明した内容ですので、図表2－1－2の概略図で説明します。

図表 2-1-2　経営の安全性を読み取る

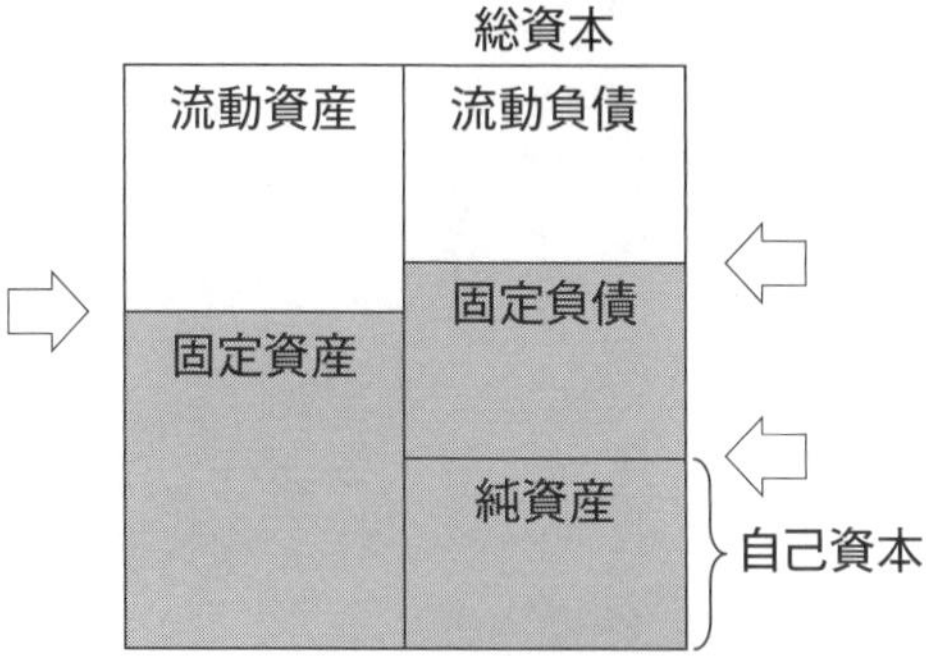

金払いが良いかどうかを見るのは流動比率でした。計算式は、流動資産÷流動負債です。図表2－1－2の上部の網掛けのないところを比較しているわけです。流動資産が多くて流動負債が少なければ金払いが良いと言えます。

流動比率が良好な会社は、経営の安全性を示す固定長期適合率が自動的に良い数字になっています。固定長期適合率の計算式は、固定資産÷（自己資本＋固定負債）でした。図表2－1－2の網掛けのところを比較しているわけです。

流動比率と固定長期適合率の計算式は全く違いますが、実は見ているものは同じです。コインの表から見ているか裏から見ているかということなのです。つまり、ＢＳの左右の流動と固定を分ける線を上から見れば流動比率、下から見れば固定長期適合率になるわけです。ＢＳの左側の流動と固定を分ける線が下の方にあって、ＢＳの右側の流動と固定を分ける線が上の方にあればあるほど、金払いも良いし経営の安全性も良いと言えるのです。

そして、もうひとつ見ておいていただきたいのが、自己資本比率です。計算式は、自己資本÷総資本です。日本の上場企業の自己資本比率の平均は約44％です（『産業別財務データハンドブック２０１９』〈日本政策投資銀行・編集のデータによる〉）。

自己資本比率が高い会社は安全性が高いと言えます。では、「どうして自己資本比率が高いと安全性が高いと言えるのか」という本質的な質問をすると、会計のことがかなりわかっている人でもなかなか的を射た答えができません。それは、資本金が株主から注入されたお金であるにもかかわらず、資本金を株主に配当することはできないということと関係しているのですが、そのことについては『新版 財務3表一体理解法 発展編』に説明を譲ります。ただ、ＢＳを図にすれば、経営の安全性を示す自己資本比率が高いか低いかは一目瞭然です。

自己資本比率の高い会社は一般的に優良企業が多いと言えます。先ほど例に挙げた、NTTドコモ、グーグル、フェイスブックなどは自己資本比率が極めて高い会社です。しかし、自己資本比率が低い会社が一概に悪い会社とは言えません。これについても後ほど具体的な例を挙げてご説明します。

つまり、経営の安全性は、図表2-1-2の矢印（⇨と⇦）で示した、たった3本の線の位置関係を見るだけで、ザックリとつかめるのです。

BSで経営の安全性をザックリとチェックした後は、総資本回転率です。計算式は、売上高÷総資本でした。

これは投下した総資本、言葉を換えれば調達した総資産を使って、いかに効率よく売上をあげているかということです。つまり、44ページの図表2-1-1のBSとPLを結んだ線が右肩上がりに急勾配であればあるほど、資本の使用効率が良いということです。

『産業別財務データハンドブック2019』のデータによれば、最近の日本の上場企業の総資本回転率の平均は約0・8です。昔の『産業別財務データハンドブック200

9』のデータによれば、2000年代初頭の10年間の数値は0・9前後で推移していましたから、この10年で約0・1数字が悪くなっています。日本全体で見れば最近の日本の企業は売上の上昇につながるような価値ある投資ができなくなっていると言っていいでしょう。ただ、この総資本回転率は業界によって数値が極端に違いますので、後ほど具体的な企業の事例で数値を見ていきたいと思います。

最後は当期純利益率です。これはPLの中の利益の線が、上の方にあればあるほど利益率が高いということです。ここでは当期純利益率を取り上げていますが、もちろん粗利（＝売上総利益）率や営業利益率を見れば、当期純利益率とは違ったものが見えてきます。そのことについては、附章の233ページで改めてご説明します。

以上説明してきたように、第1章で説明した財務分析において重要なROE・財務レバレッジ・総資本回転率・当期純利益率は、図表2－1－1のような図を作れば視覚的に瞬時にその傾向が把握できるのです。

ただ、私たち会計の専門家ではない人間が悲しいのは、図表2－1－1を見ても評価ができないのです。例えば、ANAの2020年3月期の営業利益率は3・1％であることは図を見ればわかります。ただ、営業利益率が3・1％だと言われても、私たち会計の専門家ではない人間はそれが良い数字なのか悪い数字なのかわからないのです。税理士や公認会計士がみなさんの会社の財務諸表を見て、良いとか悪いとかと言えるのは、彼らが日頃からたくさんの財務諸表を見ていて、それらの蓄積されたデータとみなさんの会社のデータを比較できるからです。

でも、心配しないでください。私たち会計の専門家ではない人間であっても、ＡＮＡを同業の他社と比較する同業他社比較をすればいろんなことがわかってきます。日本にはいまや大きな航空会社はＡＮＡと日本航空株式会社（ＪＡＬ、以下「ＪＡＬ」）しかなくなりましたが、世界を見渡せばたくさんの航空会社があります。

さらに、ＡＮＡという会社自体がこの5年・10年の間に財務諸表がどう変化してきたかという期間比較をしても、いろんなことがわかってきます。

この同業他社比較と期間比較を合わせて行えば、会計の専門家ではない人でもかなりの財務分析ができるようになります。では、早速同業他社比較に移っていきたいところですが、その前に1社1期分の図解分析の方法を箇条書きに整理しておきます。

①ＢＳの右側を見て、有利子負債と利益剰余金をチェックする
↓
②ＢＳの図全体からその会社の安全性を瞬時に読み解く
↓
③ＢＳとＰＬを結んだ線から総資本回転率を把握する
↓
④ＰＬの図から利益率を把握する

以上の４つのステップにしたがって図解分析を行えば、会計の専門家ではない人でもいろんなことが気になってくるはずです。一度やってみればすぐにわかります。例えば、「なんでこの会社はこんなに流動資産が多いのだろう」といった感じです。そして、この大まかな４つのステップで気になるところを見つけてから、細かい財務諸表に入っていけば、アレルギーなく、むしろ興味を持って財務分析ができるようになると思います。

（2）同業他社比較と期間比較

では早速、同業他社比較をやってみましょう。次のページの図表2－2－1はANAとJALのPLとBSを同じ縮尺で図にしたものです。一番大きい数字であるJALの売上高（19512億円）を基準（100％）にして、すべての数字を同じ縮尺で図にしています。

なぜ、2009年の古いデータを使っているかというと、JALの経営破綻直前のデータなのです。もう10年以上前のことなので若い読者の人は記憶にないかもしれませんが、JALは2010年に経営破綻するという大変な経営状態だったのです。

この2つの図の解説文を読む前に、読者のみなさんもご自身でこれまで私が説明してきた分析手法をベースにして、このANAとJALの図のどこが気になるか、いろんな角度から分析してみてください。

JAL（2009年3月期）

ROE	−32.1%
財務レバレッジ	8.90
総資本回転率	1.11
当期純利益率	−3.2%

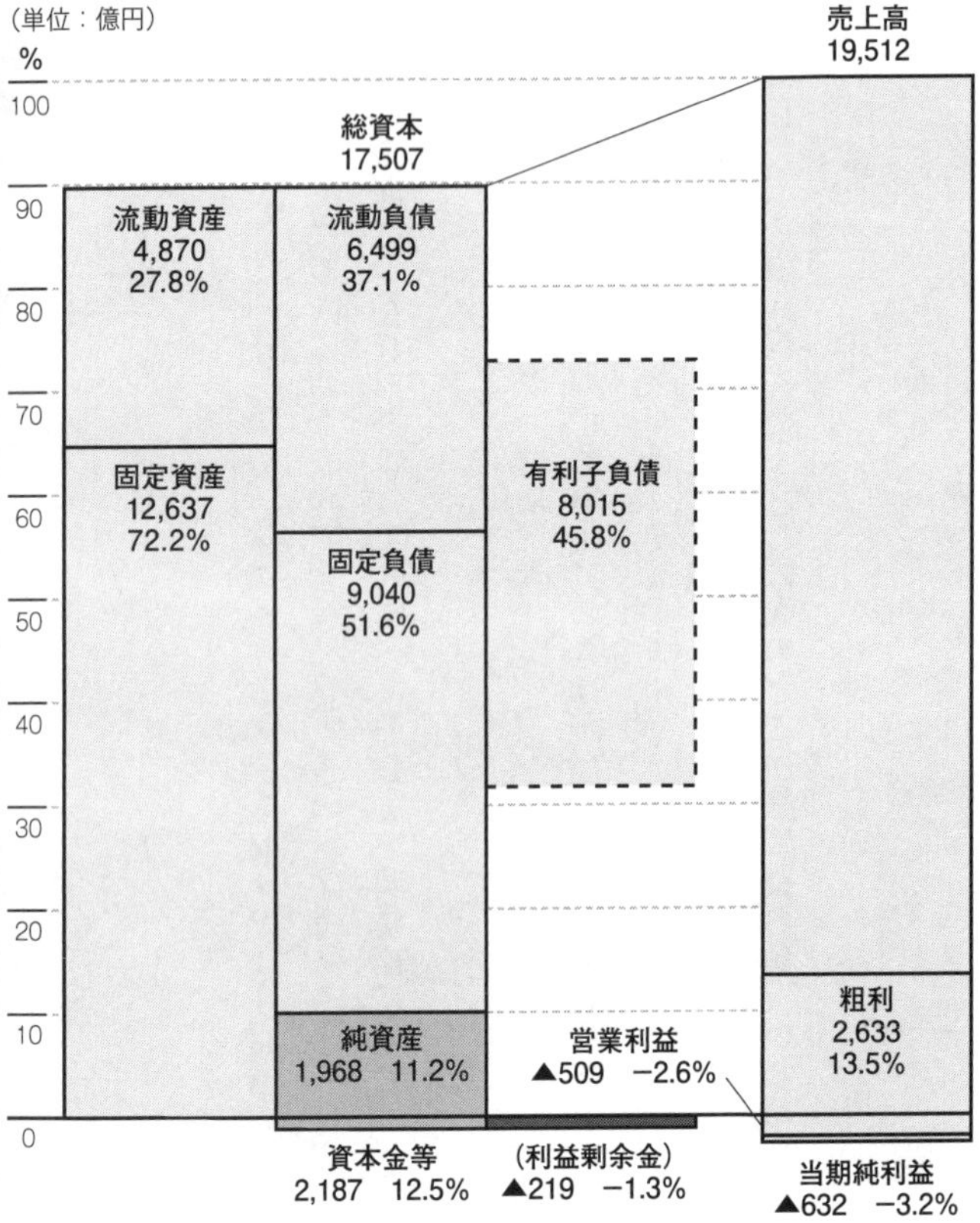

図表 2-2-1　ANA と JAL の 2009 年の PL と BS

ANA（2009年3月期）

ROE	−1.3%
財務レバレッジ	5.41
総資本回転率	0.79
当期純利益率	−0.3%

（単位：億円）

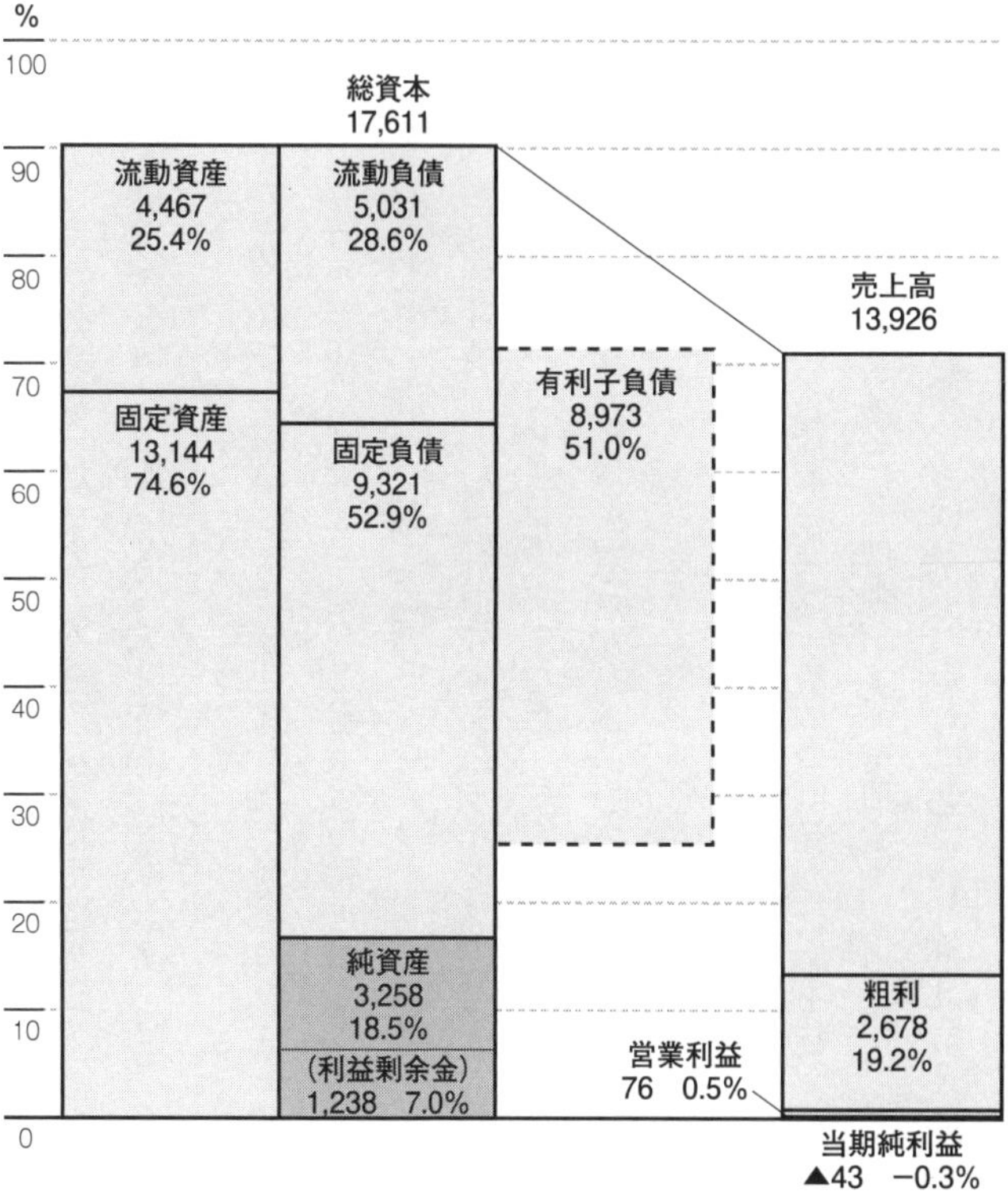

会計にはほとんど知識がない中で本書を読み始めたみなさんであっても、この2つの図を見ただけで両社の規模感や財務状態など、いろんなことを感じていただけたのではないかと思います。

それでは解説していきます。読者のみなさんの中にはたくさんの借金を抱えている会社だなと思った方がおられたと思います。確かに2社共に巨額の借金を抱えています。しかし、借金が多いからただちに悪い会社とは言えません。

読者のみなさんの多くは、ANAやJALといった航空産業はサービス産業だと思っておられると思います。確かにそういう一面もあります。ただ、航空産業は業態的に言えば装置産業です。ジェット機という巨額の装置を買うかリースして、それを運用して利益をあげているのです。

莫大な設備投資を必要とする産業は比較的借金が多いのが普通です。私はサラリーマン時代に鉄鋼産業に身を置いていましたが、鉄鋼産業は一般的に巨額の借金を抱えています。その他、重化学産業、製紙産業なども比較的借金が多い業種です。

ですから、ANAやJALに借金が多いからといってただちに悪い会社とは言えないのです。では、当時のＪＡＬは何が悪かったのでしょうか。前のページに戻って図表２－２－１の右端のＪＡＬのＰＬを見てください。営業利益がマイナス５０９億円になっています。つまり、本業の営業活動で全く利益が出せない状態になっていたのです。それが経営破綻処理後の２０１２年にどうなったでしょうか。次のページの図表２－２－２が経営破綻前と経営破綻処理後のＪＡＬのＰＬとＢＳです。

会社の規模が全体的にかなり小さくなっていることがわかります。売上高は２００９年の１９５１２億円から２０１２年の１２０４８億円に、４割程度減っています。顕著な変化があるのが有利子負債です。有利子負債が激減しています。これはＪＡＬの事業再生のプロセスの中で、大手金融機関の借金の棒引きがあったからです。ＪＡＬを再生させるために大手金融機関が債権を放棄したのです。つまり、「もう借金は返さなくてもいいですよ」ということになったのです。

では、ＪＡＬは大手金融機関の借金の棒引きで立ち直ったのでしょうか。そうとばかりは言えません。固定資産を比較してください。たった3年間で固定資産が半減しています。経営破綻直前のＪＡＬの経営陣が世間からどのように非難されていたか。「じゃ

JAL（2012年3月期）

ROE	45.1%
財務レバレッジ	2.63
総資本回転率	1.11%
当期純利益率	15.5%

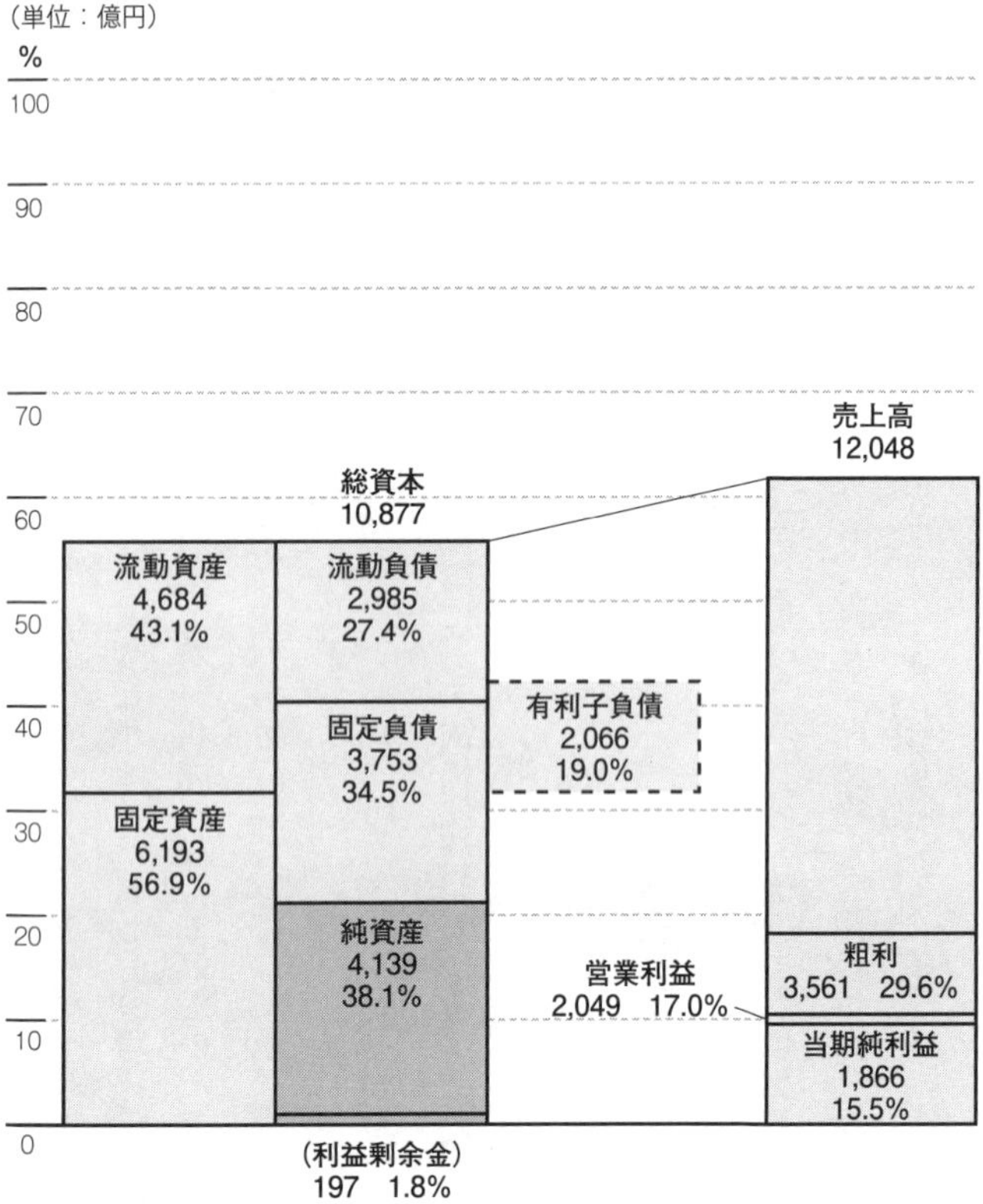

図表 2-2-2　JALの2009年と2012年のPLとBS

JAL（2009年3月期）

ROE	−32.1%
財務レバレッジ	8.90
総資本回転率	1.11
当期純利益率	−3.2%

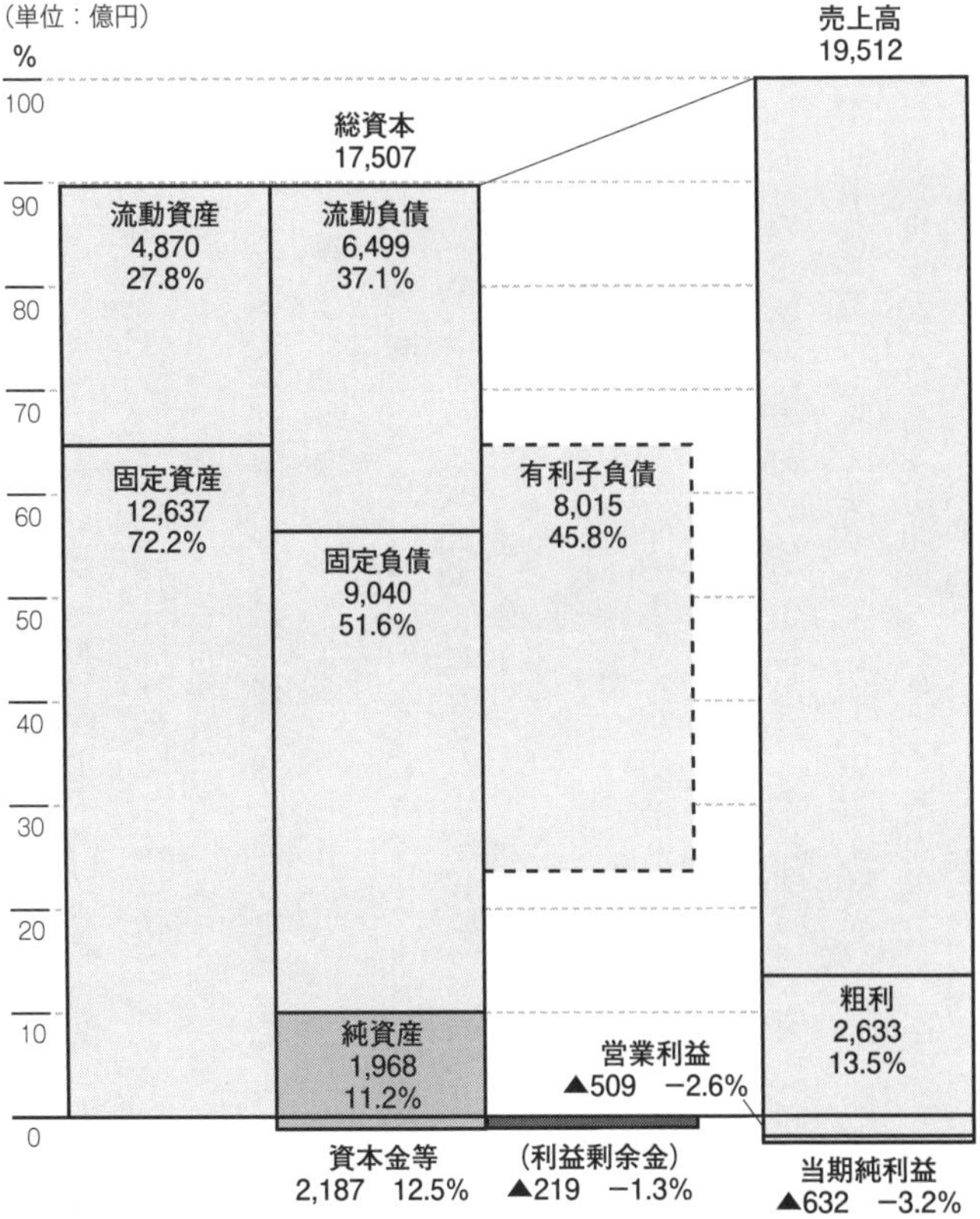

ぶじゃぶ経営ですね」ということでした。2009年当時ですら日本の航空業界は小型の航空機を頻度よく飛ばして利益をあげるという環境になっていたにもかかわらず、JALはさほど使いもしないジャンボジェット機をたくさん保有していました。ジャンボジェット機だけで言えば、この経営破綻処理の3年間に全機売却しました。つまり、不要な資産を圧縮して筋肉質の企業になっていったのでした。

さらに注目していただきたいのは営業利益です。2009年のマイナス509億円から2012年にはプラス2049億円になっています。売上高が4割も減った中で、実額として2千億円を超える営業利益が出せる体質になっていました。営業利益率は17・0%です。

なぜこれが可能になったのか。それはこの3年間のJAL全従業員のコストダウン努力の積み上げによるものです。ただ、その中でも一番影響力があったのは、1万6000人に及ぶ人員削減です。当時の全従業員の約3分の1にあたる人員削減によって固定費が極端に圧縮され、完全に利益体質の会社に生まれ変わったのです。

このように財務諸表には事業再生のプロセスが如実に表れてくるのです。

次のページの図表2－2－3は2020年3月期のANAとJALのPLとBSです。いまや売上高も総資本もANAの方が大きい会社になっています。ただ、財務体質といった意味ではJALは良好ですね。利益剰余金が積み上がり借金は少ないです。さらに営業利益率や当期純利益率もJALの方が高くなっています。

このように、同業他社比較と期間比較を行えば、私たち会計の専門家ではない人間であってもかなりのレベルの財務分析ができるようになるのです。

今後も基本的に、ANAとJALを比較したのと同じように、同じ業界の同じような規模の会社を比較していきます。

JAL（2020年3月期）

ROE	4.7%
財務レバレッジ	1.64
総資本回転率	0.76
当期純利益率	3.8%

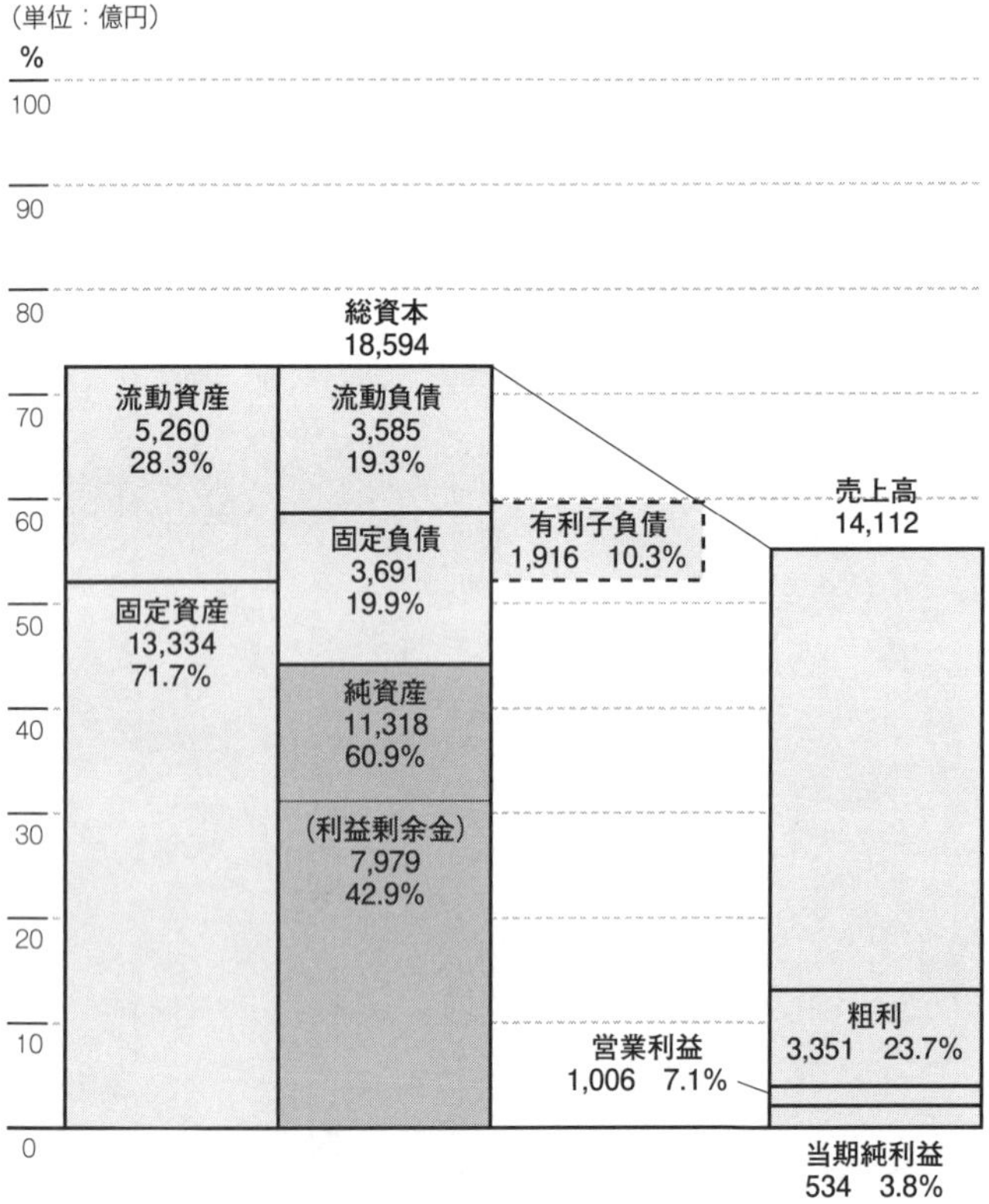

図表 2-2-3　**ANA と JAL の 2020 年の PL と BS**

ANA（2020年3月期）

ROE	2.6%
財務レバレッジ	2.40
総資本回転率	0.77
当期純利益率	1.4%

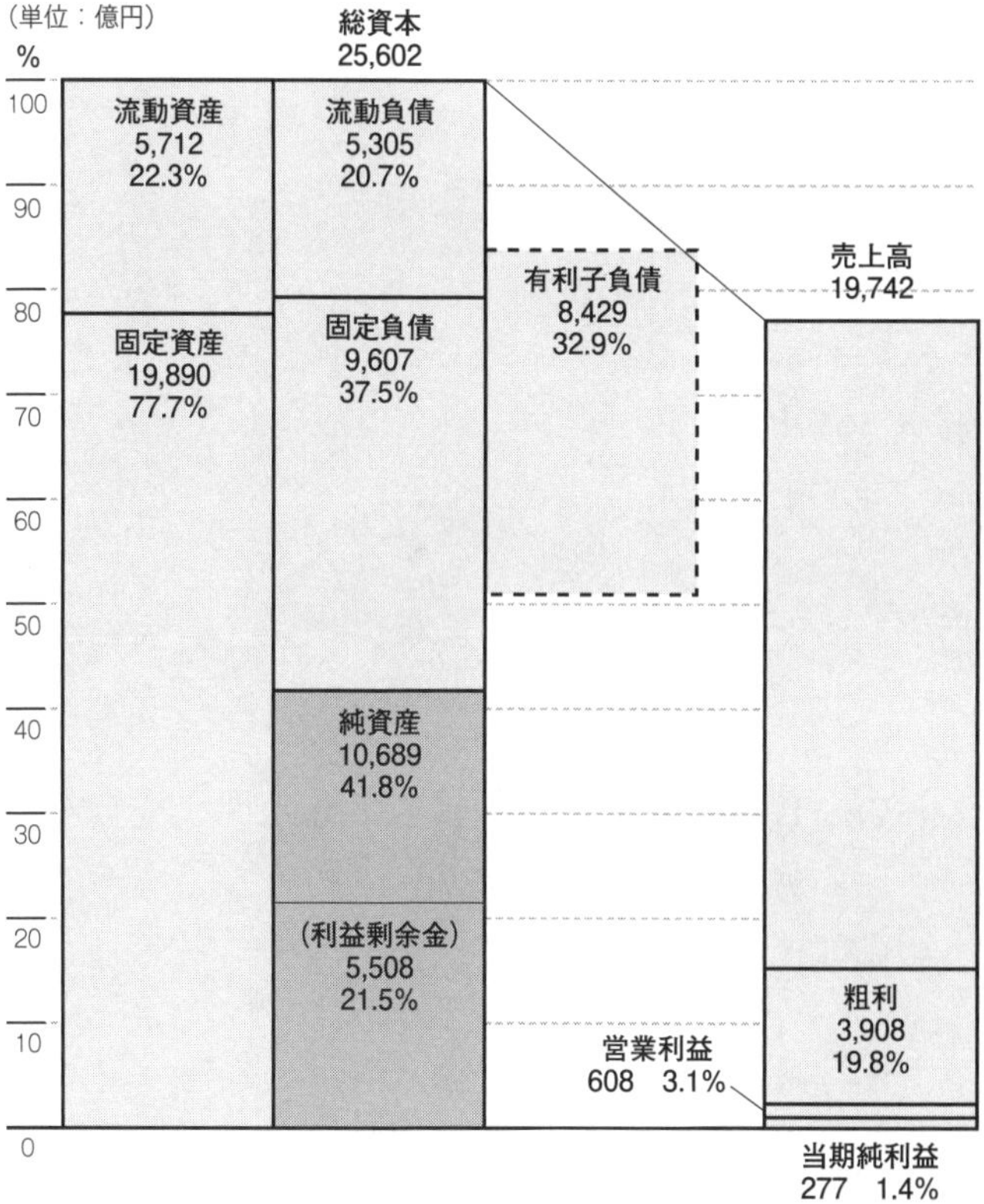

（3）事業再生のプロセスが財務諸表に表れる

ＡＮＡとＪＡＬを例にとって図解分析の方法を説明しました。ＪＡＬの事例のように財務諸表からは事業再生のプロセスを読み取ることができます。他にもいくつか同じような事例を紹介します。

①三菱自動車—マツダ

次のページの図表2－3－1は三菱自動車工業株式会社（以下「三菱自動車」）とマツダ株式会社（以下「マツダ」）の2008年のＰＬとＢＳです。三菱自動車とマツダの比較は、2016年に出版した旧版『財務3表図解分析法』でも行いました。両社は日本の自動車業界の中では比較的規模が近い会社です。両社のＰＬとＢＳの形はよく似ています。ＰＬが大きくてＢＳが小さい形です。規模的にはマツダの方が少し大きいのがわかります。

読者のみなさんが気になっているのは三菱自動車のBSの右側だと思います。BSの右側が基準線より下に突き抜けるような形になっています。BSの左右の数字がバランスしていないのでしょうか。そうではありません。

三菱自動車の「資本金等」は10305億円あります。約1兆円です。それをBSの図で言えば、BSの右下の少し濃い目の網掛けになっている純資産と書いてあるところからBSの一番下の線のところまでです。ところが、三菱自動車はマイナスの利益剰余金が7024億円あります。それが、BSの右側に抜き出して記載している一番濃い網掛けになっている部分です。これは利益剰余金がマイナスであることをわかりやすくするために、私が使っている作図ソフトでは、マイナス部分をBSの右側に抜き出して作図するように設計しているからです。実際の財務諸表には資本金等が10305億円、その下の行にマイナスの利益剰余金が7024億円あるだけです。なので、純資産の合計はその差（10305億円－7024億円）である3281億円になり、BSの左右はバランスしているのです。

三菱自動車のBSがなぜ基準線の下に突き抜けるような形になったのかを、さらに4

マツダ（2008年3月期）

ROE	16.6%
財務レバレッジ	3.58
総資本回転率	1.75
当期純利益率	2.6%

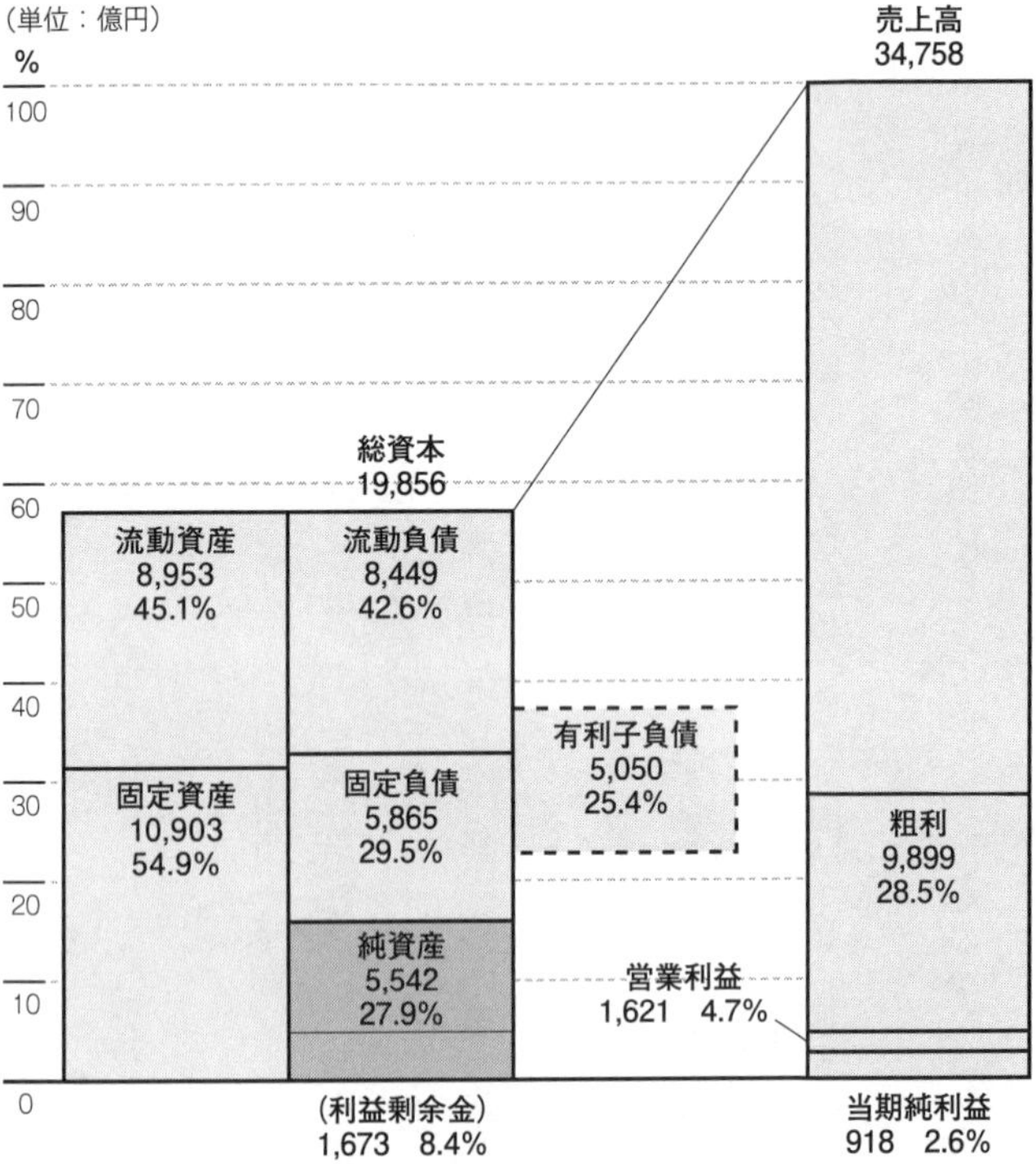

図表 2-3-1　三菱自動車とマツダの 2008 年の PL と BS

三菱自動車（2008年3月期）

ROE	10.6%
財務レバレッジ	4.91
総資本回転率	1.67
当期純利益率	1.3%

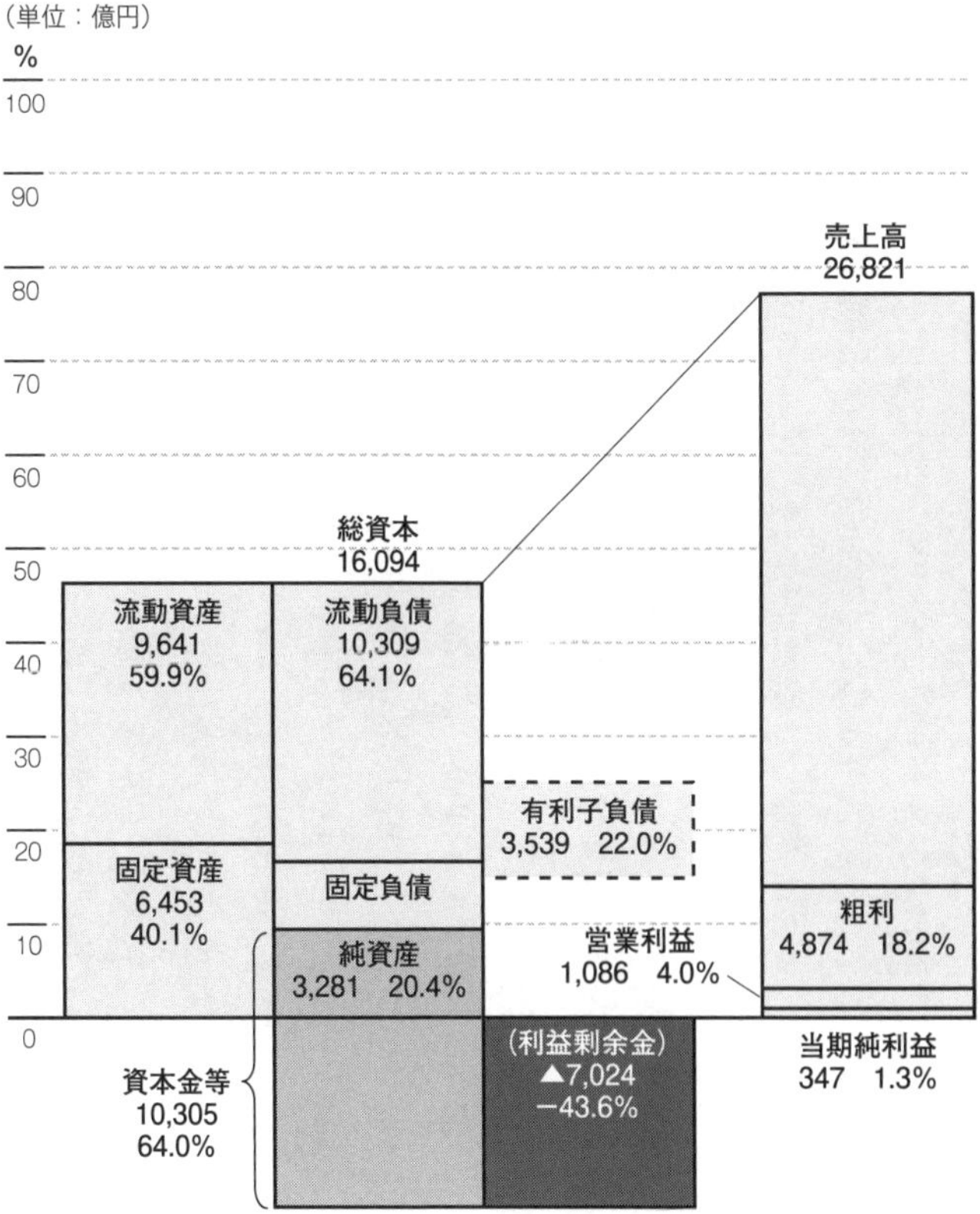

年ほど遡って2004年と2008年のデータと比較しながら見ていきましょう。

次のページの図表2－3－2は三菱自動車の2004年と2008年のPLとBSです。2004年ごろの三菱自動車はリコールが続出するなど大変な時代でした。三菱自動車は2004年から2008年の間に、三菱グループ3社（三菱重工、三菱商事、当時の東京三菱銀行）から総額7500億円規模の増資を受けています。これが2004年の資本金等2291億円が2008年に10305億円に増加している理由です。

では、約7500億円の増資は何に使われたのでしょうか。7500億円の増資とは7500億円の現金が三菱グループ3社から三菱自動車につぎ込まれたことを意味します。図表2－3－2を見ればわかりますね。大半のお金が借金返済に使われたものと思われます。有利子負債が2004年の10872億円から2008年の3539億円に減っています。その差は7333億円です。

三菱自動車はJALと同じような資金援助によって立ち直った会社でしょうか。実は、三菱自動車もJALと同じような固定資産の圧縮を行っています。

固定資産を見てください。2004年の11596億円から2008年の6453億円に半減しています。三菱自動車は2004年当時、オーストラリアに大きな自動車生産工場を持っていました。この工場は2008年までに完全閉鎖されました。国内の生産工場も統廃合を進め、昔の半分程度の固定資産で、昔以上の売上高を稼ぎ出す筋肉質の会社になるよう自助努力していたのです。

グループ企業からの資金援助、さらには自助努力によって事業再生をはかっていたプロセスが財務諸表に如実に表れているのです。

では、その三菱自動車は最近どうなっているのでしょうか。72・73ページの図表2－3－3は三菱自動車とマツダの2020年のPLとBSです。規模的にはマツダの方がかなり大きな会社になっています。

三菱自動車は2016年に、国が定めたやり方とは違うやり方で燃費を測っていたという燃費偽装の問題が発覚し業績が悪化しました。そしてその後、日産自動車の傘下に入りました。ですから、読者のみなさんは三菱自動車の財務体質はかなり悪いのではないかと思っておられる方も少なくないのではないでしょうか。しかし、三菱自動車の財務体質は良好です。

三菱自動車（2008年3月期）

ROE	10.6%
財務レバレッジ	4.91
総資本回転率	1.67
当期純利益率	1.3%

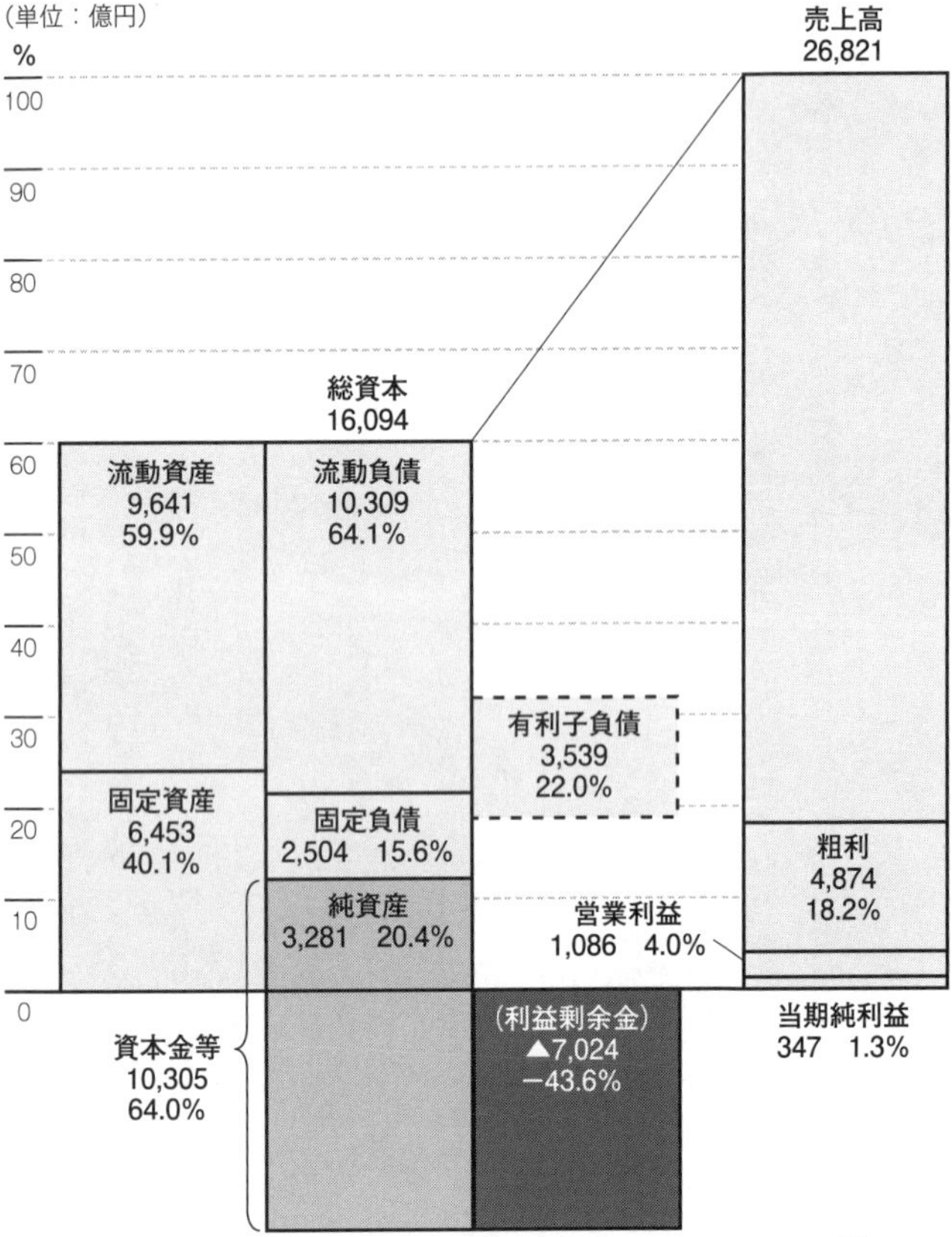

図表 2-3-2　三菱自動車の 2004 年と 2008 年の PL と BS

三菱自動車（2004年3月期）

ROE	−471.3%
財務レバレッジ	44.40
総資本回転率	1.24
当期純利益率	−8.5%

（単位：億円）

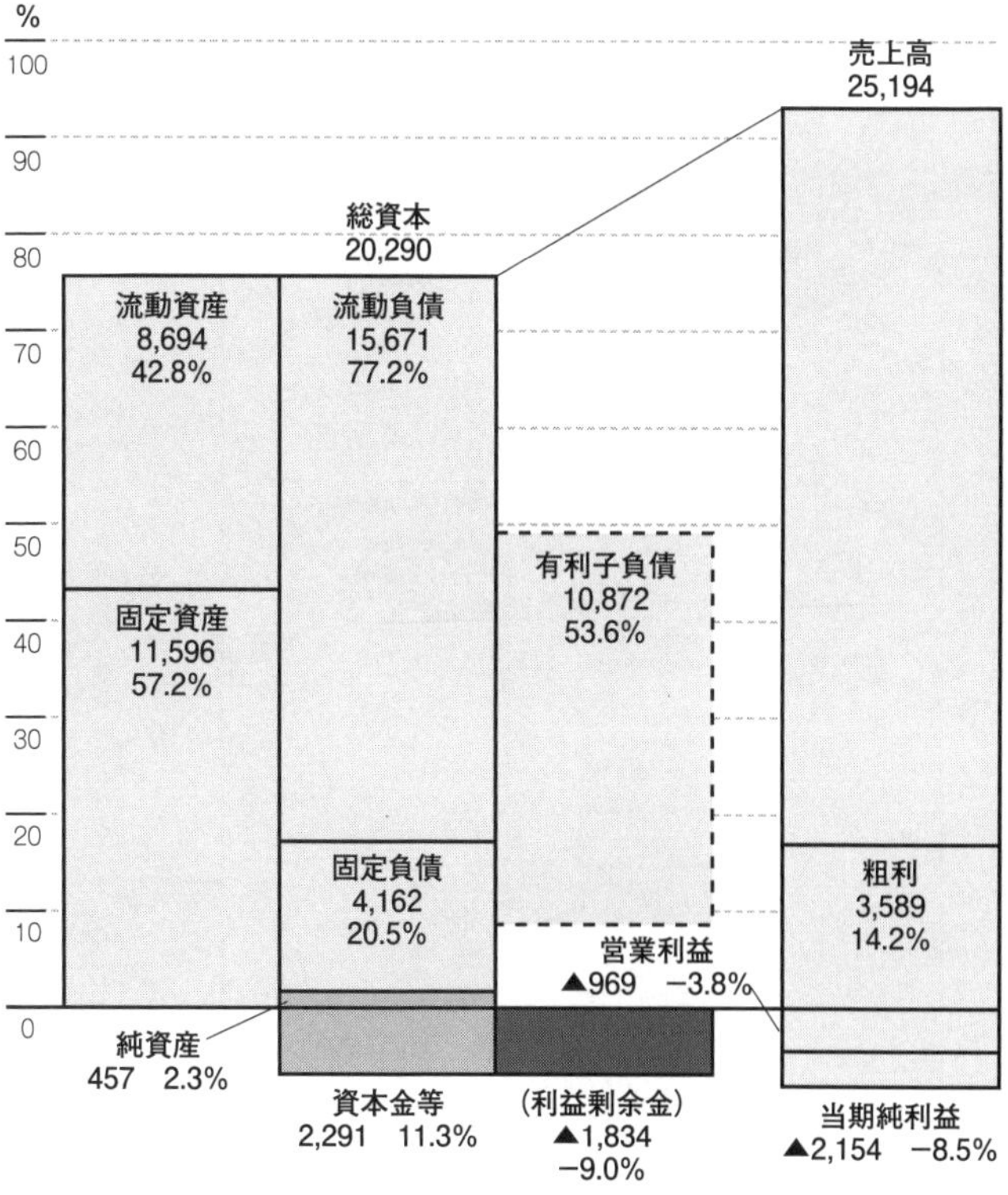

マツダ（2020年3月期）

ROE	1.0%
財務レバレッジ	2.31
総資本回転率	1.23
当期純利益率	0.4%

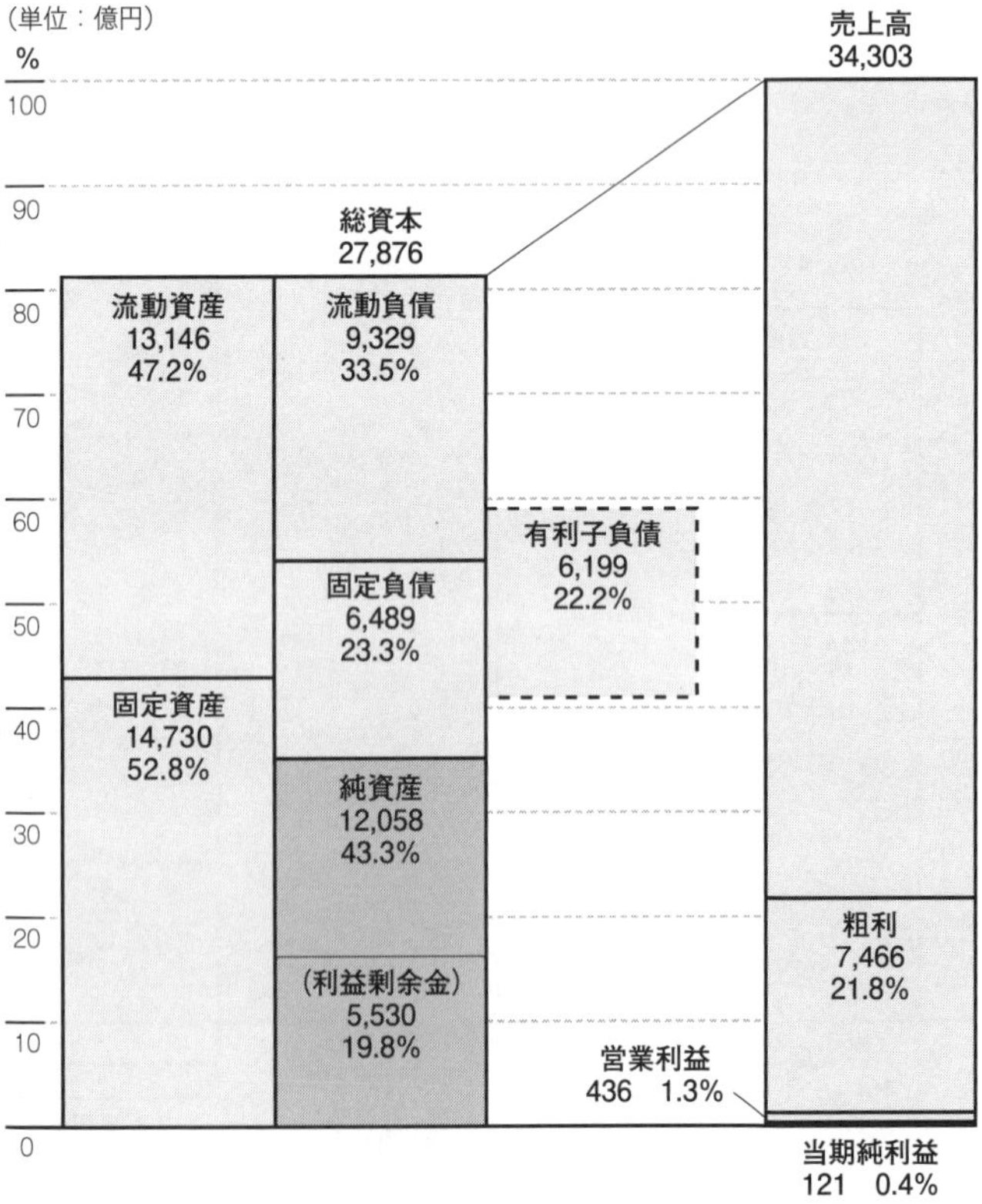

図表 2-3-3　三菱自動車とマツダの 2020 年の PL と BS

三菱自動車（2020年3月期）

ROE	−3.3%
財務レバレッジ	2.46
総資本回転率	1.17
当期純利益率	−1.1%

（単位：億円）

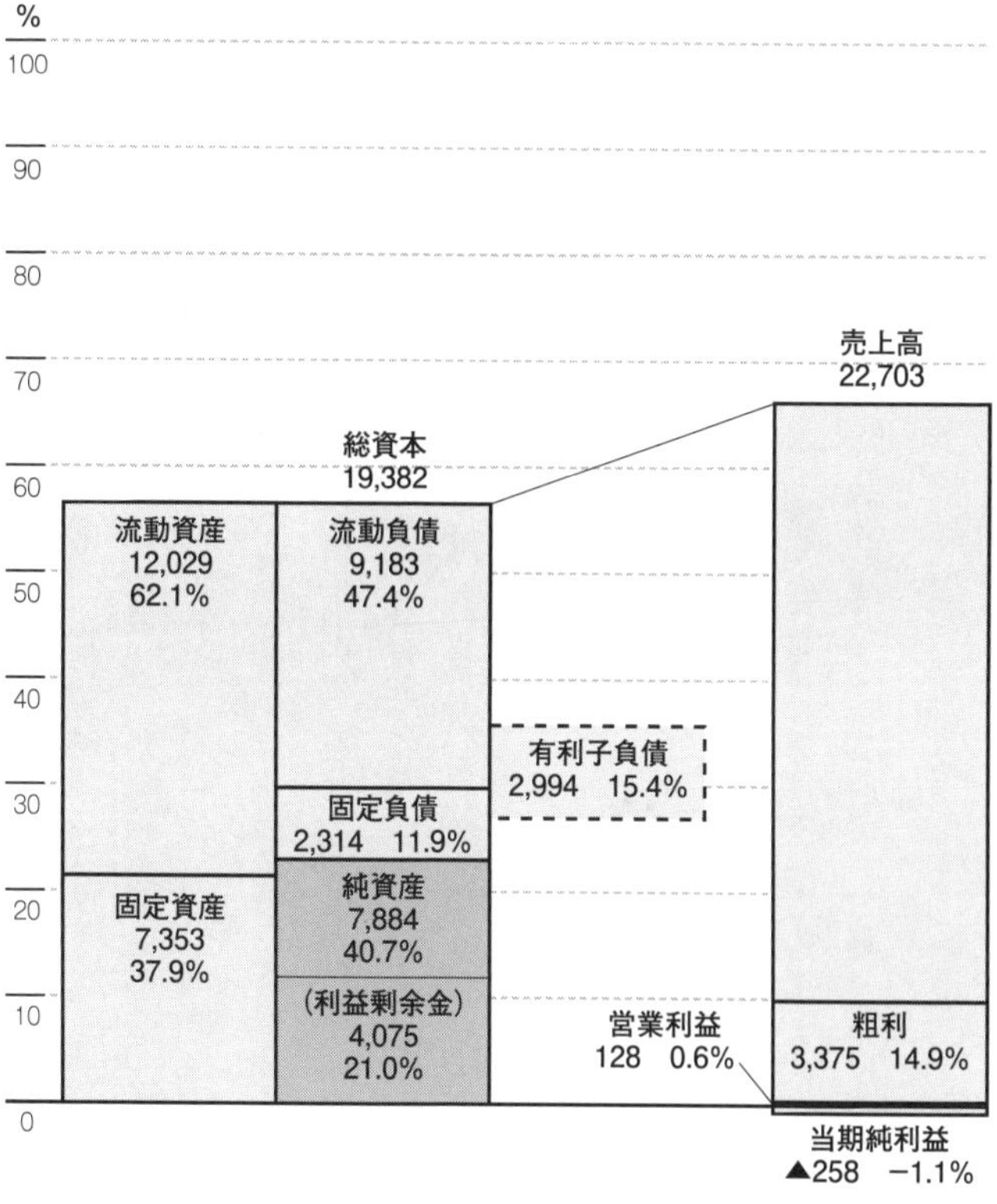

図表2―3―3の三菱自動車の2020年3月期のBSを見てみてください。BSの左右の流動と固定を分ける線は右側が上で左側が下にあります。利益剰余金もそこそこ積み上がっています。有利子負債もかなり少ない状態です。

三菱自動車の2020年3月期の当期純利益は、新型コロナウイルスの影響もあり258億円の赤字になっていますが、2019年3月期以前の過去5年間を見れば(図表2―3―4)、燃費偽装の影響で赤字になった2017年3月期を除けば、三菱自動車は過去何年にもわたって約1000億円規模の当期純利益を継続してあげていた会社なのです。

読者のみなさんの中には、「マツダの車は国内でもよく見かけるが、三菱自動車の車はあまり見かけない。どこでそんなに利益をあげているのだろうか」と不思議に思っておられる方も多いのではないでしょうか。実は、三菱自動車は東南アジアで強いブランド力を持っており、それらの国に関連する事業で多くの利益をあげているのです。

毎年1000億円規模の利益を継続してあげる力を持っていた企業が、あの燃費偽装の問題一発で日産自動車の傘下に入ることになってしまったのです。

図表2-3-4　三菱自動車の当期純利益の推移

（単位：億円）

	2015年3月期	2016年3月期	2017年3月期	2018年3月期	2019年3月期
当期純利益	1,182	726	△1,985	1,076	1,329

実は、三菱自動車が再生を果たした裏には、巨額の「無償減資」の影響があります。ただ、このことを理解していただくには、そもそも「減資」の仕組みがわかっていなければなりません。「減資」の仕組み並びに三菱自動車が「無償減資」によって再生を成し遂げたということについては、『新版　財務3表一体理解法　発展編』で説明していますので、興味のある方はそちらをお読みください。

②スバル―マツダ

自動車業界の中でもう一社、業績が飛躍的に改善した会社の解説をしておきましょう。株式会社ＳＵＢＡＲＵ（かつての富士重工業、以下「スバル」）です。スバルも規模的に言えば、日本の自動車業界の中では三菱自動車やマツダに近い会社です。次のページの図表2－3－5は2008年3月期のスバルとマツダのＰＬとＢＳを同じ縮尺で図にしたものです。

マツダ（2008年3月期）

ROE	16.6%
財務レバレッジ	3.58
総資本回転率	1.75
当期純利益率	2.6%

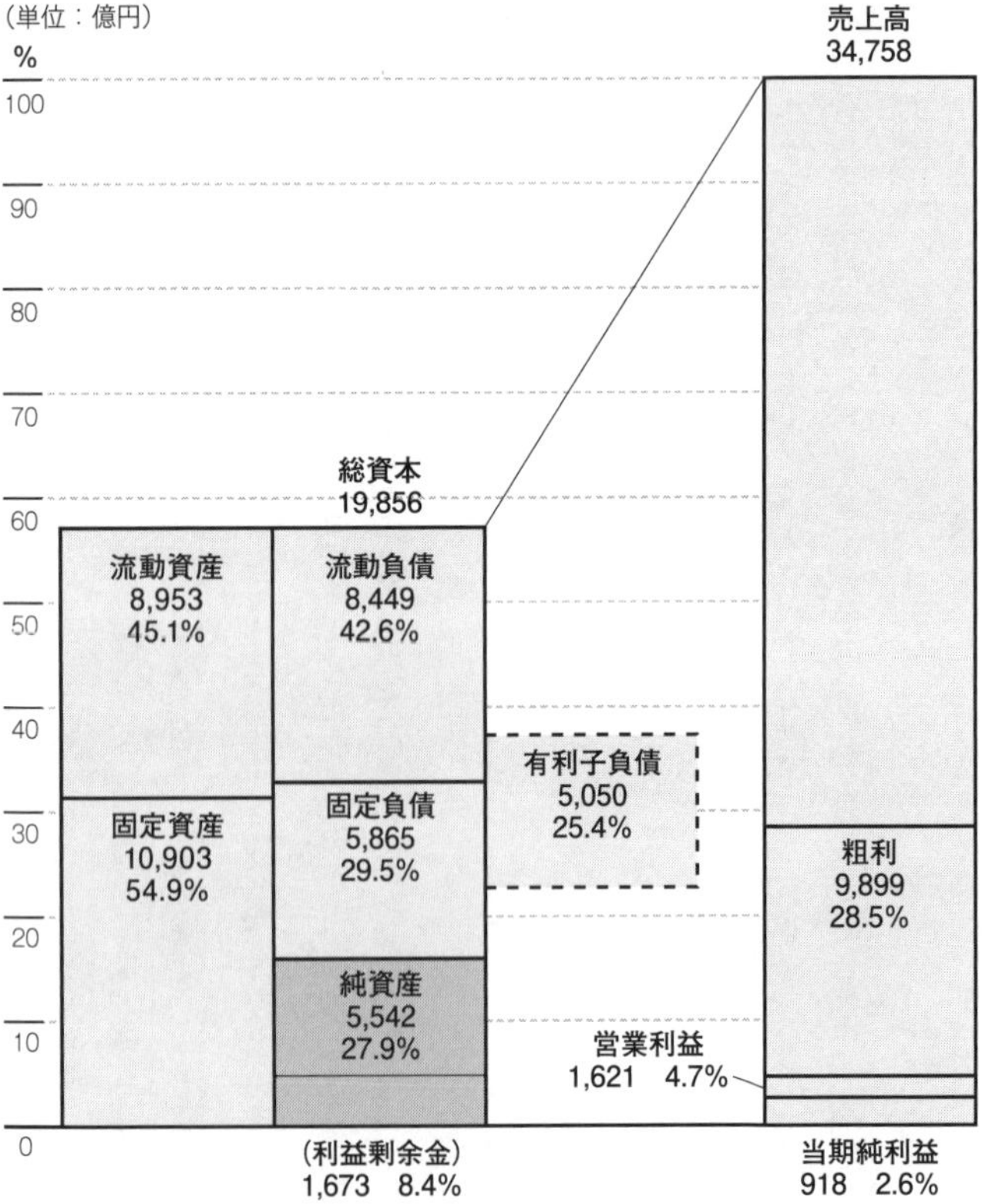

図表 2-3-5　スバルとマツダの 2008 年の PL と BS

スバル（2008年3月期）

ROE	3.7%
財務レバレッジ	2.62
総資本回転率	1.21
当期純利益率	1.2%

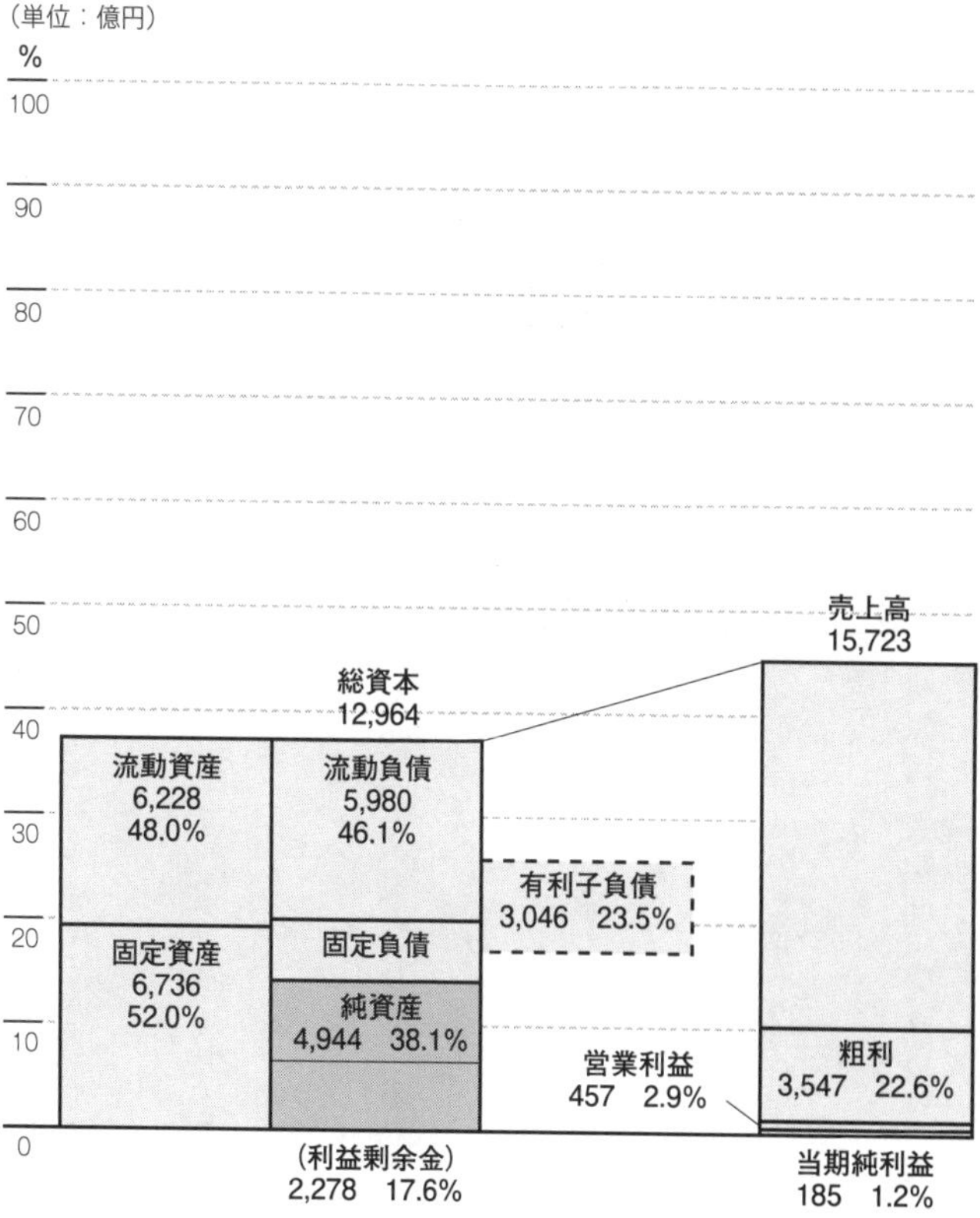

2008年3月期のスバルの売上高はマツダの半分以下でした。2000年代初頭のスバルは、打つ手打つ手が裏目に出てかなり厳しい経営状態でした。

それが近年のスバルはどうなっているでしょうか。次のページの図表2‐3‐6が2020年3月期のスバルとマツダのPLとBSです。

売上高はマツダとほぼ同じくらいにまで増えています。総資本の額はマツダを上回っています。BSの左右の流動と固定を分ける線も左側より右側の方がかなり上にあります。利益剰余金もかなり積み上がっていて、有利子負債は少ないのがわかります。

営業利益率は6・3%で、マツダや三菱自動車よりかなりいい数字になっています。トヨタ自動車株式会社（以下「トヨタ」）の2020年3月期の営業利益率が約8・2%ですから、超優良企業のトヨタに迫るほどの営業利益率になっています。

スバルのBSの左側を見てください。流動資産が極端に大きいことがわかります。ここに何が入っているかは財務諸表の細かい数字を見ればすぐにわかります。82ページの図表2‐3‐7はスバルの2020年3月期のBSの流動資産を抜き出したものです。

現金及び現金同等物が8590億円貯まっています。その他にも短期に売り買いできる金融資産（その他の金融資産）が２０４４億円ありますから、１兆円を超える現金に近い資産を持っているということになります。

スバルの２００８年と２０２０年のＰＬとＢＳを比較しただけで、スバルはこれまでの12年間かなり業績が良かったことが推測できます。

なお、スバルは２０２０年３月期から国際会計基準（ＩＦＲＳ）を採用しています。ちなみに、国際会計基準を採用している会社の財務諸表では、日本の会計基準で言うところの「固定資産」「固定負債」「純資産の部」は、それぞれ「非流動資産」「非流動負債」「資本の部」という言葉が使われていますが、作図上は「固定資産」「固定負債」「純資産の部」と表記していますのでご了承ください。

マツダも自動車業界の中では比較的成功している会社と言っていいでしょう。マツダとスバルの成功の要因は何だったのでしょうか。経営学者のピーター・ドラッカーは「業績の鍵は集中である」[*1]と言います。どんな仕事をしていても、「うちの会社はここが

＊1　『創造する経営者』Ｐ・Ｆ・ドラッカー著、上田惇生訳（ダイヤモンド社）

マツダ（2020年3月期）

ROE	1.0%
財務レバレッジ	2.31
総資本回転率	1.23
当期純利益率	0.4%

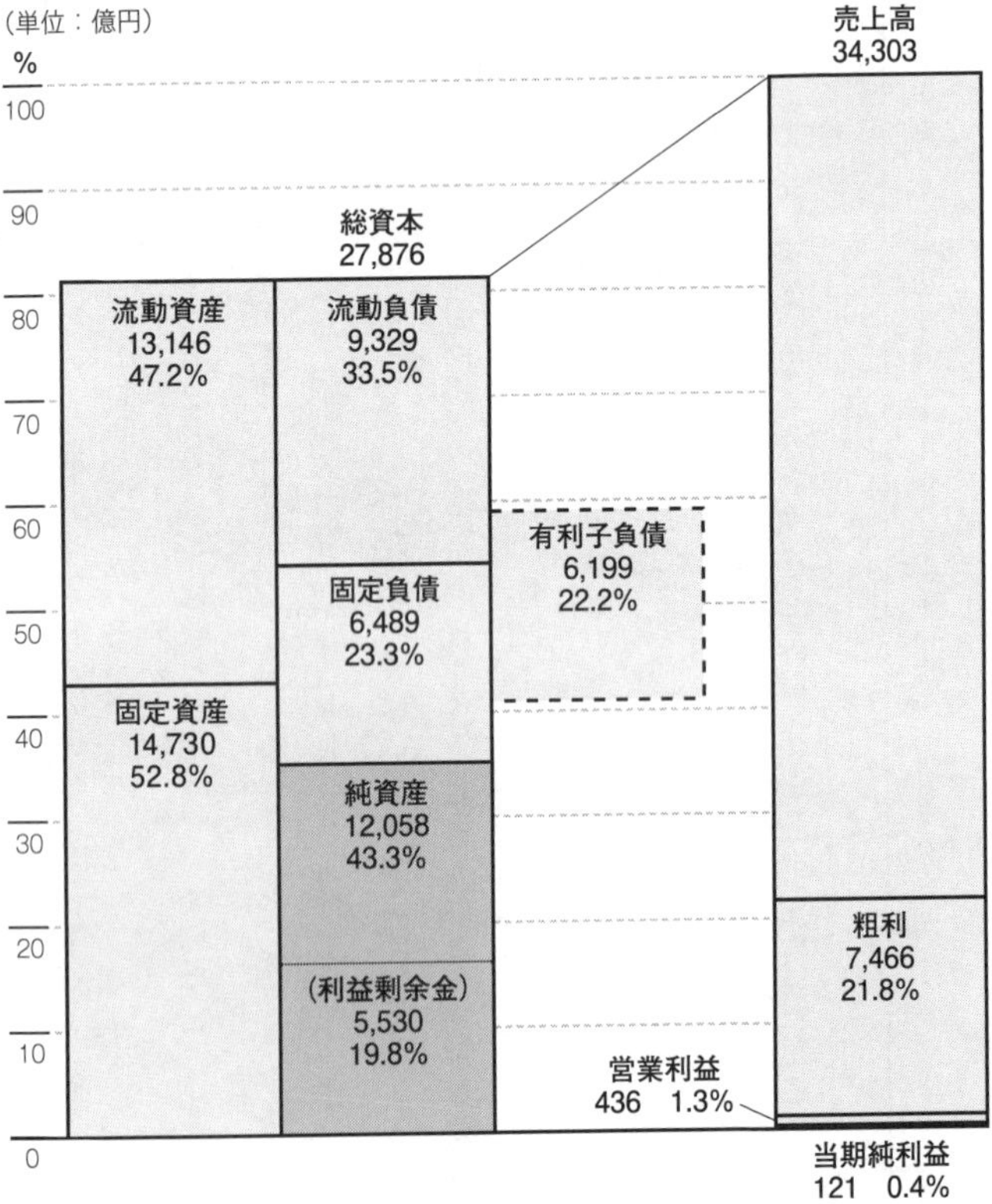

図表 2-3-6　スバルとマツダの 2020 年の PL と BS

スバル（2020年3月期）

ROE	8.9%
財務レバレッジ	1.91
総資本回転率	1.02
当期純利益率	4.6%

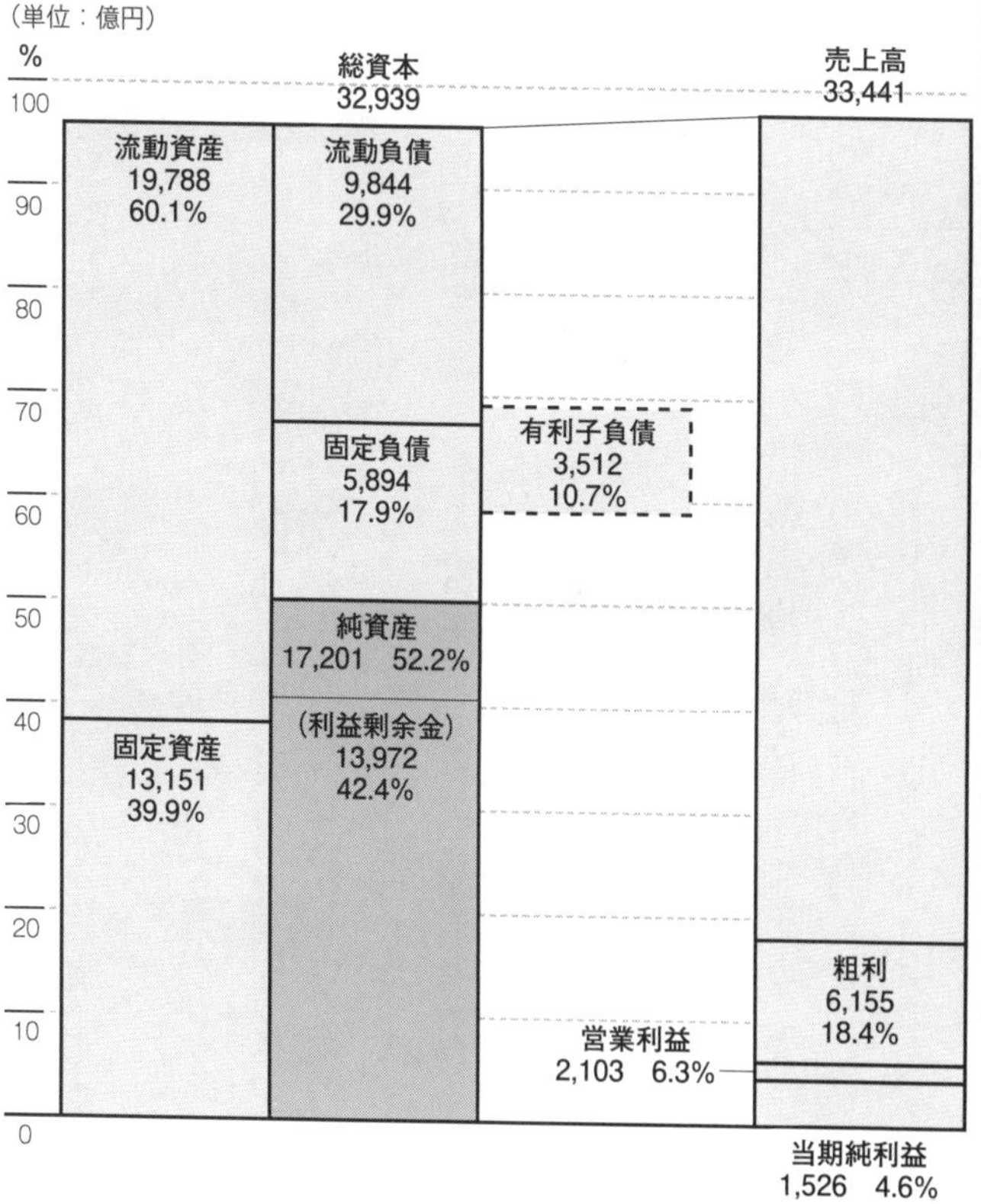

(単位：百万円)

合計
557,647
2,408,658
116,242
106,365
135,707
3,324,619
19,490
3,344,109

図表 2-3-7　スバルの2020年の流動資産

(単位:億円)

	2020年3月期
資産	
流動資産	
現金及び現金同等物	8,590
営業債権及びその他の債券	3,648
棚卸資産	4,599
未収法人所得税	156
その他の金融資産	2,044
その他の流動資産	747
小計	19,785
売却目的で保有する資産	3
流動資産合計	19,788

違う」というものを持っていなければ勝負になりません。

マツダは車好きの人たちが好むカッコいい車に集中して存在感を示しています。マツダは日本で一番売れているカテゴリーであるミニバンの市場も捨てました。そういう大胆な経営判断がマツダという会社の特長を生み出したのです。

では、スバルが集中したのはどこだったのでしょうか。図表2-3-8のスバルの地域別・事業種類別のセグメント情報をご覧ください。スバルの全売上高の70%以上が北米からもたらされています。スバルは北米市場に集中して成功したの

図表 2-3-8　スバルの 2020 年のセグメント情報

当連結会計年度（自　2019年4月1日　至　2020年3月31日）

	自動車	航空宇宙	その他
顧客との契約から生じる収益			
日本	506,405	46,761	4,481
北米	2,313,306	95,297	55
欧州	116,143	83	16
アジア	106,360	—	5
その他	135,674	—	33
合計	3,177,888	142,141	4,590
その他の源泉から認識した収益	16,061	—	3,429
合計	3,193,949	142,141	8,019

です。

私も車が嫌いな方ではないので、昔は「いつかはレガシィ」などと思っていたこともありました。しかし、スバルのレガシィという車は数モデル前から完全にアメリカ人向けの車になり、日本人にとっては魅力の少ない車になりました（その後日本向けにはレヴォーグという車が発売されました）。

ただ、そういった大胆な経営判断がスバルの好業績につながり、それが結果として財務3表に表れてくるのです。

1 集中化と市場での立ち位置についての意思決定

私はアメリカのピーター・ドラッカー経営大学院でＭＢＡを取得しました。そのせいもあり、ドラッカーの考え方にかなりの影響を受けています。ドラッカーは、マーケティングにおいてやるべきことはたくさんあるが、まず必要なのは「集中化の意思決定と市場での立ち位置についての意思決定」[*2]であるとして次のように述べています。

「目標設定は戦略であるが、集中化の意思決定は方針であり、戦闘地域を決めることである。（中略）集中化の意思決定は極めてリスキーであるが、それは正真正銘の意思決定である。（中略）明らかに、すべての企業がリーダーになれるわけではない。だれもが、市場におけるどのセグメントにおいて、どんな商品、どんなサービス、どんな価値で、リーダーになるべきかを決めなければならない」[*3]

マツダやスバルの動きは、ドラッカーが指摘する右記の内容の好例だと思います。両社は共に成功しているからいいようなものの、両社の意思決定には大きなリスクが伴っていたことは間違いありません。

マツダのように車好きに特化することは、ファミリー向けなどその他のマ

＊2　Peter F. Drucker "Management:Tasks, Responsibilities, Practices" Collins Business の「the decision on concentration, and the decision on market standing」を著者が翻訳。

＊3　Peter F. Drucker "Management:Tasks, Responsibilities, Practices" Collins Business の「Whereas objectives are "strategy," the concentration decision is "policy." It is, so to speak, the decision in what theater to fight a war. (snip) The concentration decision is highly risky. It is a genuine decision. (snip) Obviously, not everybody can be the leader. One has to decide in which segment of the market, with what product, what services, what values, one should be the leader.」を著者が翻訳。

ーケットのシェアを失う危険性があります。前述したように、マツダは日本で一番売れているカテゴリーであるミニバンの市場を捨てました。

また、スバルは昔から「てんとう虫」の愛称で親しまれた「スバル360」など個性的な軽自動車をたくさん作ってきました。これらの軽自動車の生産を完全にストップすることは、社内外でたくさんの批判があったものと推測されます。

しかし、このような勇気ある決断があったからこそ、戦闘地域と市場での立ち位置が明確になり、特定の顧客にとってなくてはならない存在になれたのです。

ドラッカーは『イノベーションと企業家精神』（ダイヤモンド社）という本の中で、1960年前後に自動車工業が突然国際産業になったとき、当時の自動車産業の中で、ボルボ、BMW、ポルシェの3社は小さな存在に過ぎず、「いずれ姿を消すことになるだろう」というのが業界通の一致した見方であった。しかし、結果的にはこの3社が大きな成功を収めたとして、次のように述べています。

「1965年当時ボルボは、赤字すれすれの苦闘する小企業であった。（中略）ボルボが売り込んだ『センスのある車』のイメージとは、安くはないが過度に贅沢でもなく、とくにファッショナブルでもない車、しかし、本当の値打ちと健全な常識を発散させている車であった。（中略）とくに弁護士や医師などの専門職のための車として売られたのである。

同じく1960年頃には弱体の自動車メーカーであったBMWも、成功をおさめた。（中略）BMWは、（中略）すでにかなりの成功をおさめてはいるものの、まだ若いと思われたい人たち、『違い』がわかり、しかもその違いを手に入れるためには、金を払えることを誇示したいような人たちのための車として、位置づけられたのである。（中略）

そして最後が、フォルクスワーゲンに毛の生えたような車だったポルシェである。ポルシェは、自らの性格づけを大幅に変え、スポーツカーとして売ることとした。自動車が単なる輸送機関ではなく、エキサイティングな何物かであるような人たちのための、唯一の車として売ったのである」[*4]

何か、マツダやスバルのCMで聞いたことがあるような言葉も含まれているような気がします。マツダやスバルがうまくいっているのは当たり前なのです。それは、ビジネスの道理にかなった経営をしているからです。マツダやスバルが行っていることは、1960年ごろに成功したボルボやBMWやポルシェが行っていたことと本質的に同じです。

ドラッカー経営学は、ドラッカーという人が頭の中で理想の経営論を考え出したものではありません。ビジネスの現場をつぶさに眺めると、うまくいっている企業には共通した特徴があります。そのようなビジネスの道理を整理して示してくれるのがドラッカー経営学なのです。

＊4 『イノベーションと企業家精神』P・F・ドラッカー著、小林宏治監訳、上田惇生＋佐々木実智男訳（ダイヤモンド社）

（4）経営戦略が財務諸表に表れる

これまで事業再生のプロセスが財務諸表に表れることを主に説明してきましたが、財務諸表には経営戦略も如実に表れてきます。飲料業界と携帯電話業界を例にとって説明します。

①キリン―アサヒ

少し古いデータですが、次のページから4ページにわたって掲載されている図表2－4－1と図表2－4－2をご覧ください。飲料大手4社の2005年と2009年のPLとBSを同じ縮尺で図にしたものです。

読者のみなさんは、この4ページにわたる4社8本の図のどこがどのように変わっていると思われますか。少し時間をかけて見比べてみてください。

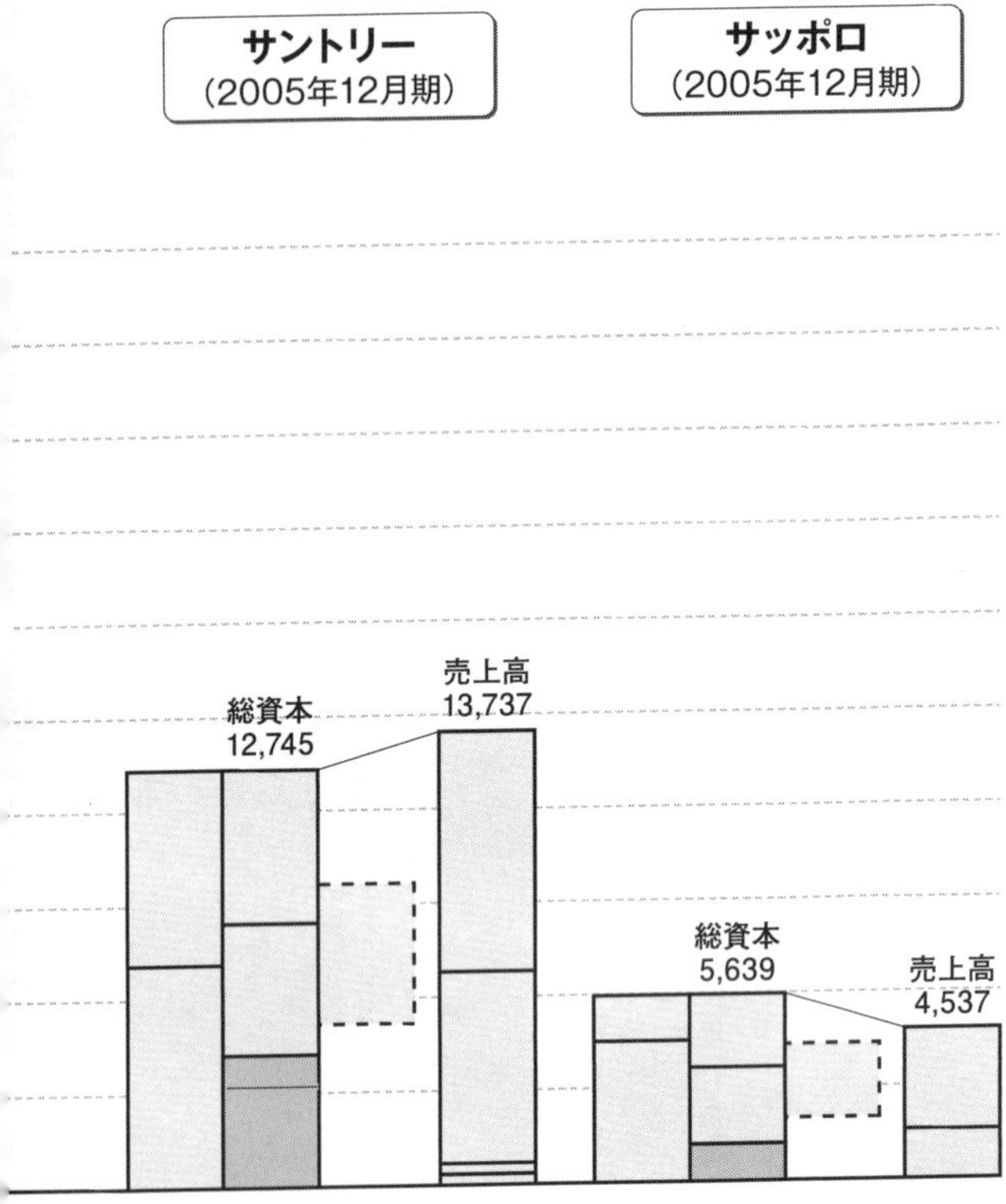
サントリー
(2005年12月期)
サッポロ
(2005年12月期)
総資本
12,745
売上高
13,737
総資本
5,639
売上高
4,537

図表 2-4-1　**飲料大手4社の2005年のPLとBS**

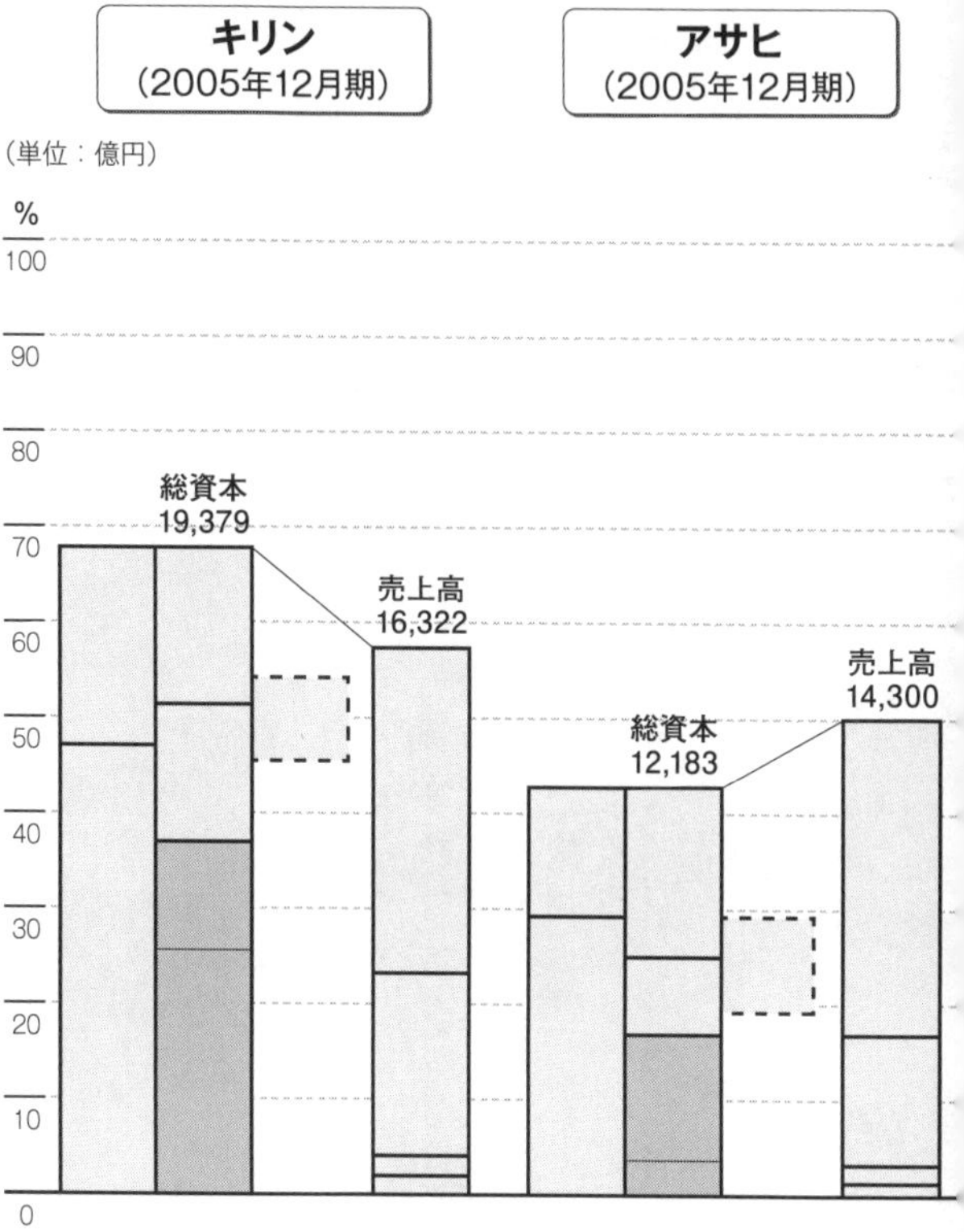

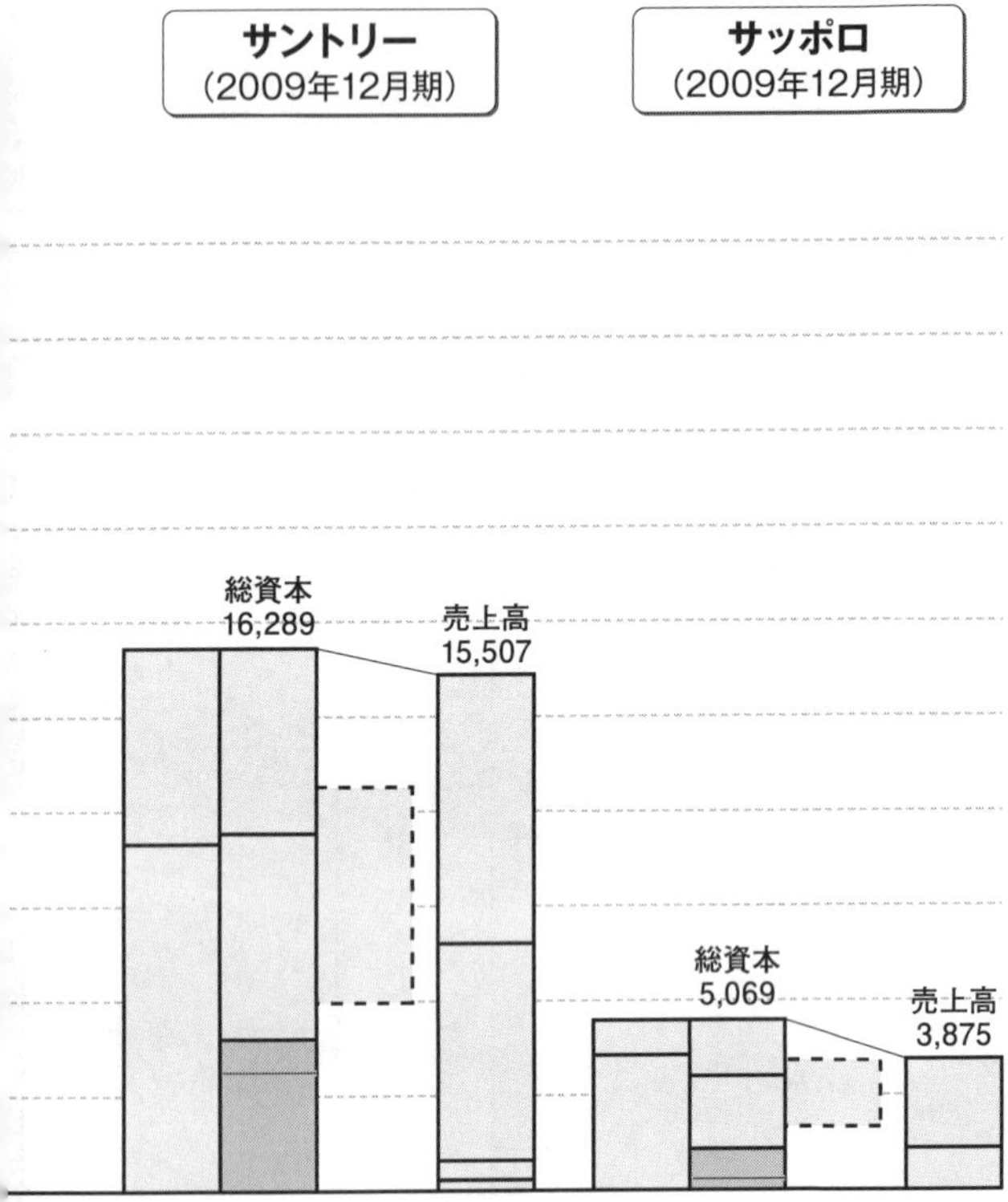

サントリー
(2009年12月期)
サッポロ
(2009年12月期)
総資本
16,289
売上高
15,507
総資本
5,069
売上高
3,875

図表 2-4-2　**飲料大手4社の 2009 年の PL と BS**

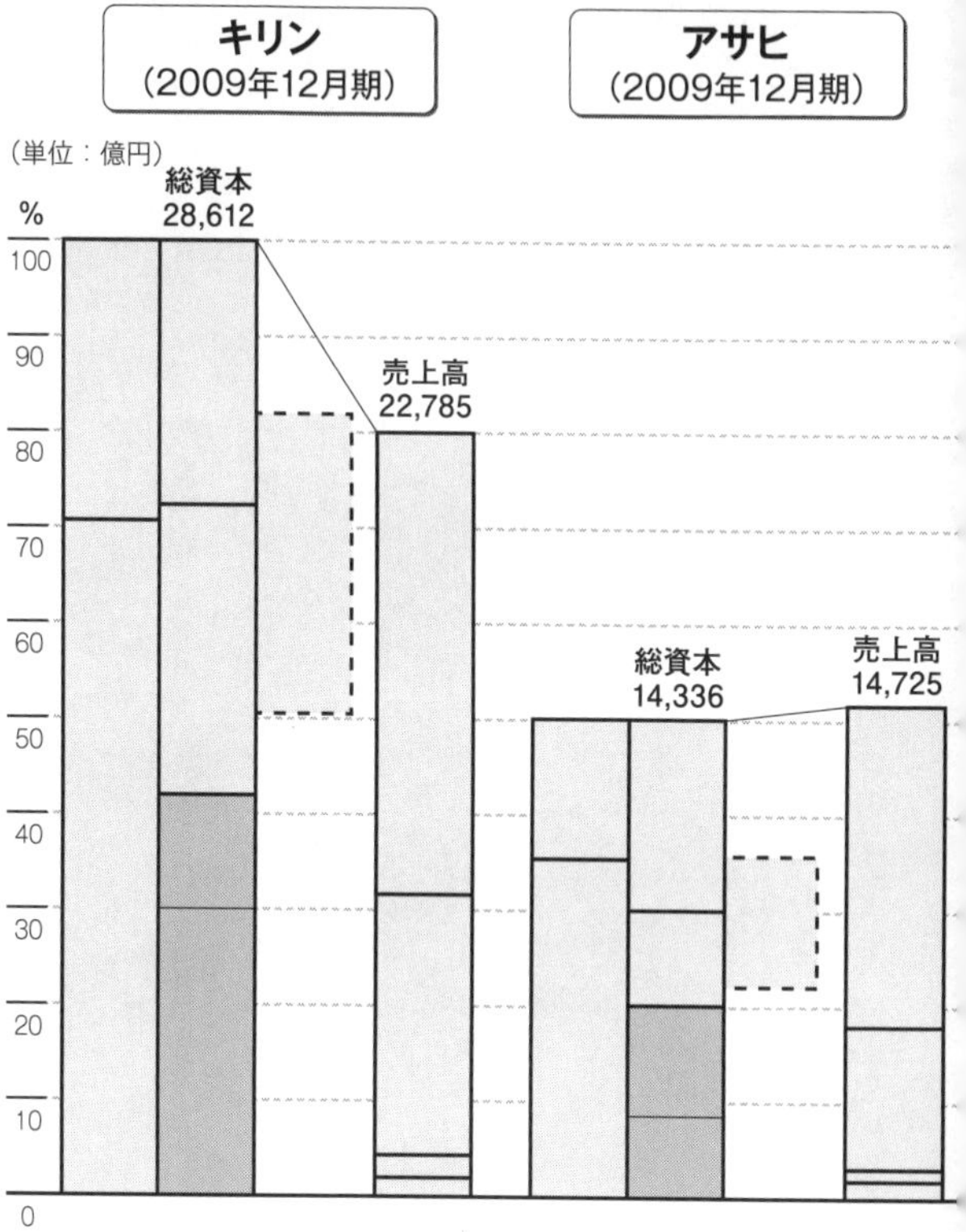

小さいことを言えばいろんな変化がありますが、ザックリと8本の図を眺めてみると、業界トップのキリンホールディングス株式会社（以下「キリン」）のPLとBSが極端に大きくなっていることがわかります。

では、ここでキリンだけ抜き出して2005年と2009年のPLとBSを比較してみましょう。次のページの図表2-4-3です。

PLもBSも大きくなっていますが、特に有利子負債が膨れ上がってBSがグンと大きくなっていることがわかります。実は2007年ごろからのキリンの戦略は明確です。それは海外拡大・M&A拡大戦略です。日本の人口は減り始めています。いまの若い世代は昔の若い世代ほどビールを飲んでくれません。キリンは国内市場では成長戦略を描けないと判断し、海外拡大・M&A拡大戦略に舵を切ったのです。

当時キリンは、海外の飲料メーカーをたくさん傘下に収めました。飲料だけではありません。キリンは傘下にキリンファーマという製薬会社を持っていましたが、いまはキリンファーマという会社はありません。協和発酵キリン（現在は協和キリン）という会社になりました。これは、キリンファーマの4倍くらいの売上高のあった協和発酵とキリンファーマが一緒になって協和発酵キリンという会社になると同時に、その協和発酵キリンの筆頭株主にキリンが就いたのです。

どうしてこのような海外拡大・M&A拡大戦略が可能になったのか。それは莫大な長期借入金で株式取得を行ったからでした。

第1章の財務分析の基礎知識のところで、財務諸表から経営の効率を読み取ってくださいと言いましたが、財務諸表には経営の効率が表れるだけでなく、経営戦略が表れるのです。後ほど、飲料業界以外にもM&A拡大戦略をとっている別の業界の会社を紹介したいと思います。

実はアサヒグループホールディングス株式会社（以下「アサヒ」）も外部環境の認識はキリンと同じで、この当時からM&A拡大戦略を標榜していました。私のサラリーマン時代の最後の3年間はM&Aの交渉担当でした。M&AとはMerger & Acquisitionの略で、企業の合併と買収のことです。このM&Aの世界は、人間にたとえれば結婚のようなもので、タイミングを逸すればすべてがなくなります。飲料業界の専門家によれば、東南アジアにはめぼしい買収先も残っていないようで、アサヒはM&A拡大戦略を標榜

キリン（2009年12月期）

ROE	4.1%
財務レバレッジ	2.39
総資本回転率	0.80
当期純利益率	2.2%

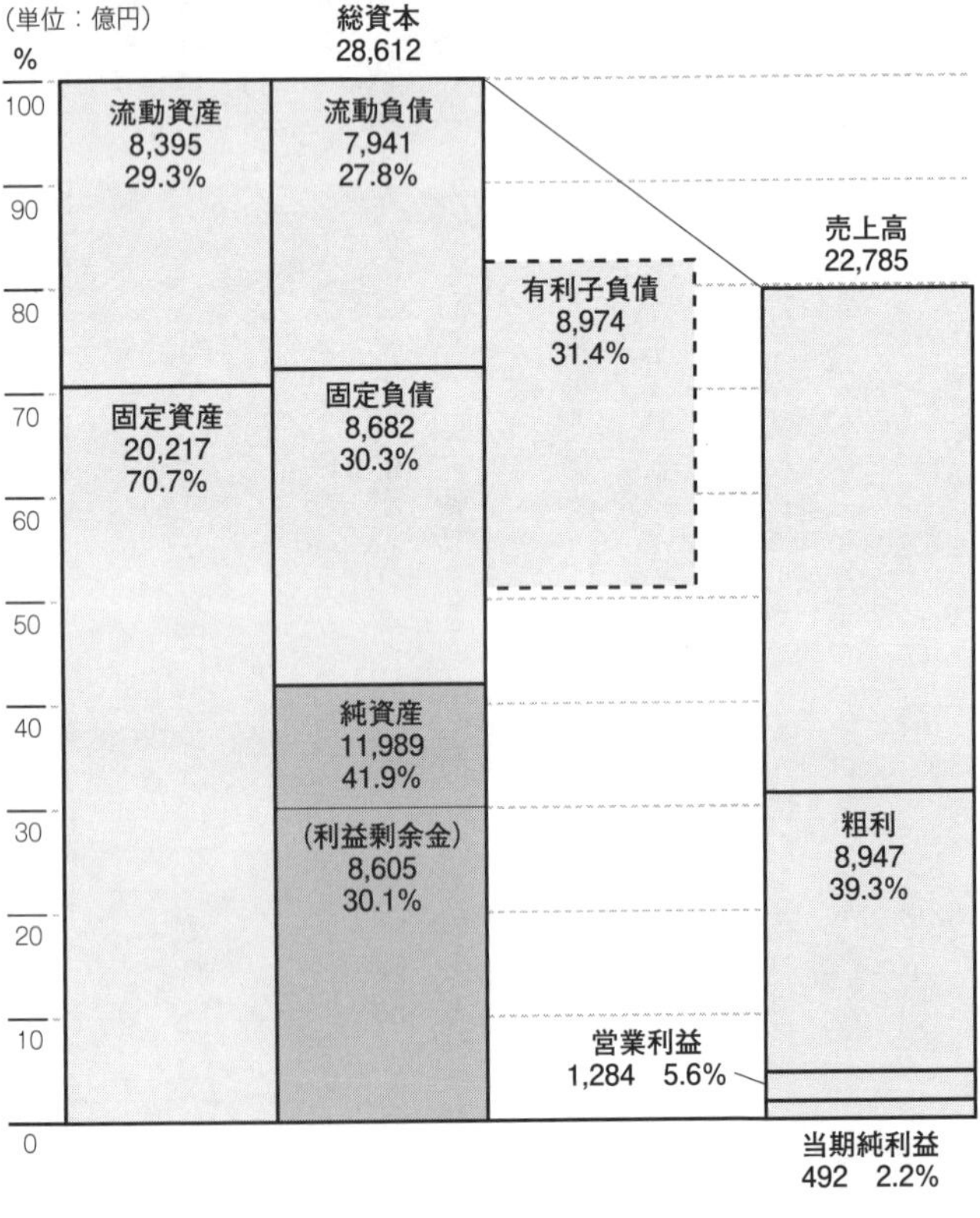

図表 2-4-3　キリンの 2005 年と 2009 年の PL と BS

キリン（2005年12月期）

ROE	4.9%
財務レバレッジ	1.84
総資本回転率	0.84
当期純利益率	3.1%

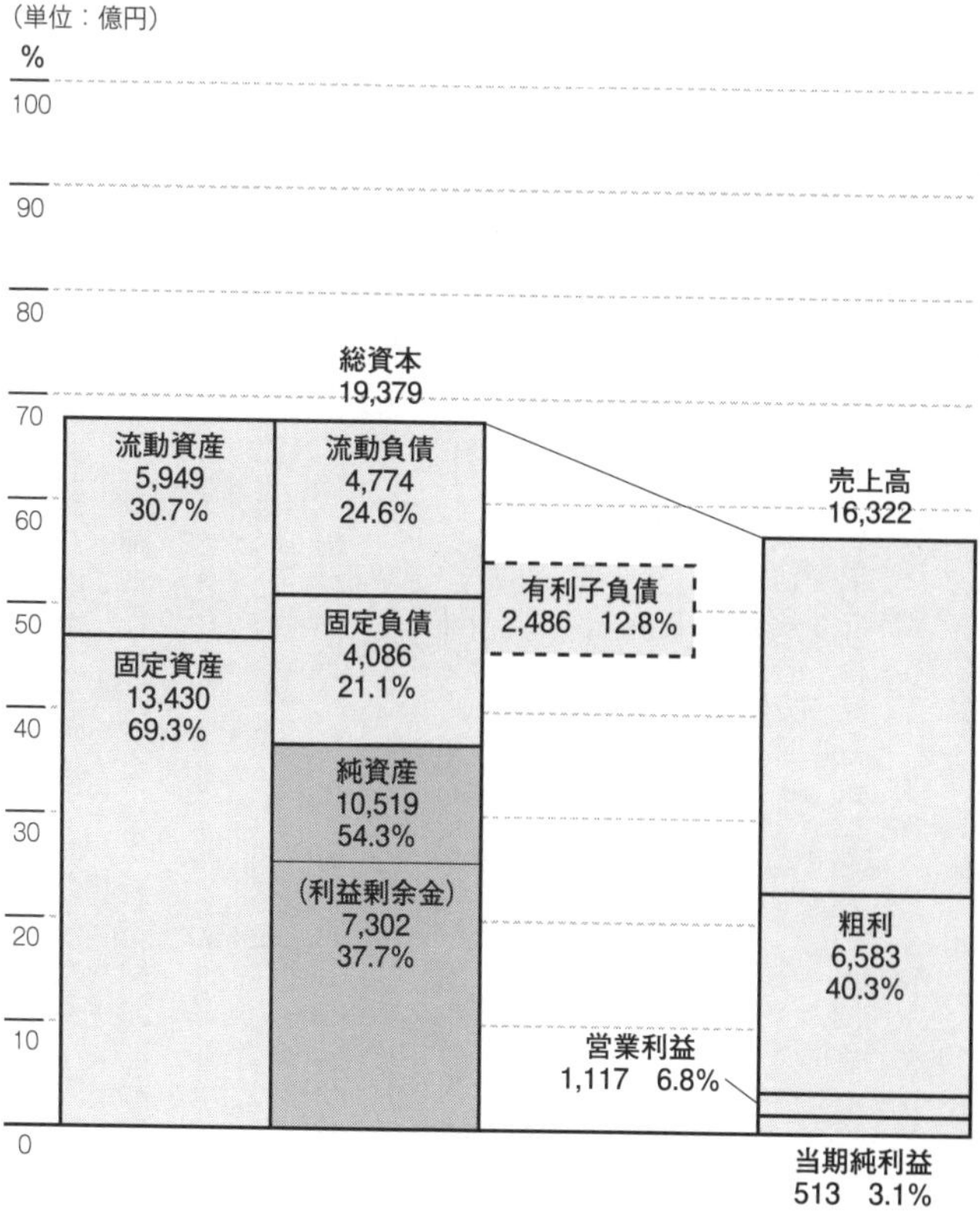

していたものの、キリンほど大きくはならなかったのがこの当時のアサヒだったのです。ただ、数年前の私の会計研修にアサヒの経営企画室長さんが参加され、研修が終わってから私のところに来られ「國貞さん、もうこんな古いデータを使うのはやめてください。現在のアサヒはM&Aで急拡大していますよ」と言って帰られました。

アサヒの経営企画室長さんが言われるように、現在のアサヒのPLとBSは2009年当時のものとは全く違ったものになっています。それはまた後ほど説明しますが、古いデータを使って解説しているのには訳があります。図表2－4－4をご覧ください。飲料4社のその当時の売上高の推移です。

一本だけ折れ線グラフの形が違うものがあります。キリンの売上高です。2007年から2008年にかけて売上高が急増しています。これはアサヒに奪われたビールのシエアをキリンが奪い返したからではありません。これまで説明してきたM&A拡大戦略によって、キリングループ全体の売上規模が急拡大したのです。

このように、事業戦略がBSの形にも表れ、PLの推移にも表れるのです。さらに言えば事業戦略の変化はCSのパターンにも表れます。そのことについては138ページ

図表 2-4-4　**飲料4社の売上高推移**

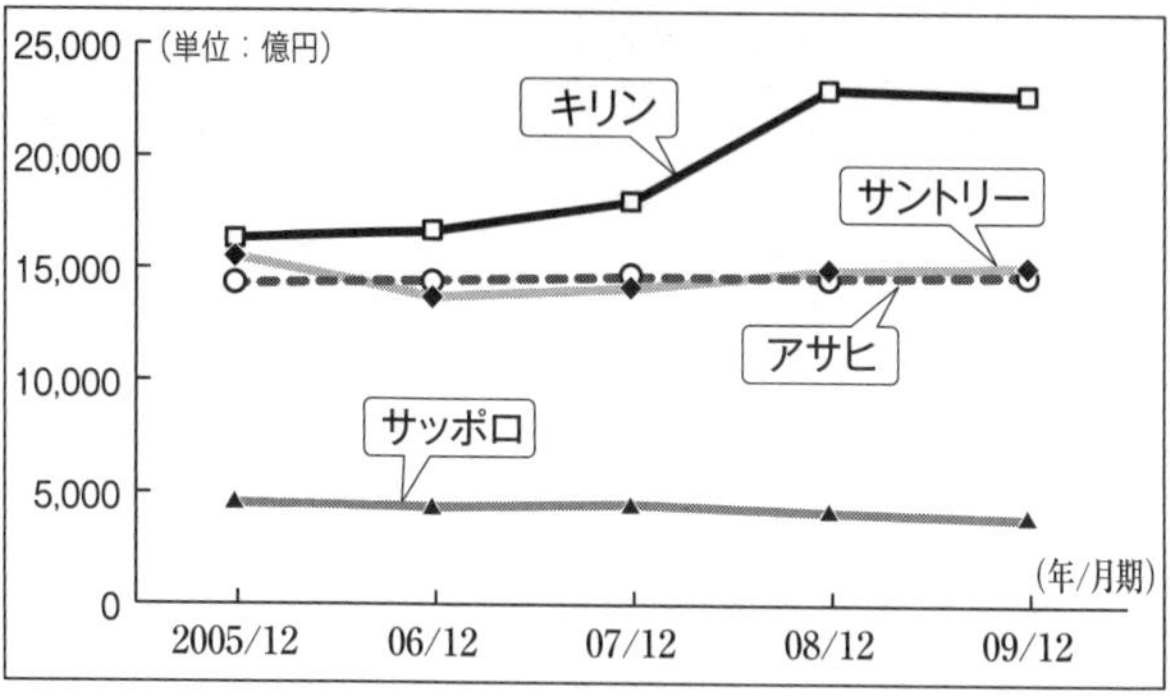

のＣＳ分析のところで説明します。

ここでキリンとアサヒの最近のＰＬとＢＳを比較しておきましょう。次の図表２－４－５と図表２－４－６はキリンとアサヒの２００９年と２０１９年のＰＬとＢＳを、２０１９年のアサヒの総資本３１４０８億円を基準（１００％）にして、すべて同じ縮尺で作図したものです。

まずは図表２－４－５の２００９年のキリンとアサヒの図から見ていきましょう。すでに説明したように、Ｍ＆Ａで急拡大したのがキリンで、それほど拡大しなかったのがアサヒでした。

次に図表２－４－６の２０１９年のキリンとアサヒの図をご覧ください。10年前の２００９年の図（図表２－４－５）と比較すると、キリンとア

アサヒ（2009年12月期）

ROE	8.2%
財務レバレッジ	2.48
総資本回転率	1.03
当期純利益率	3.2%

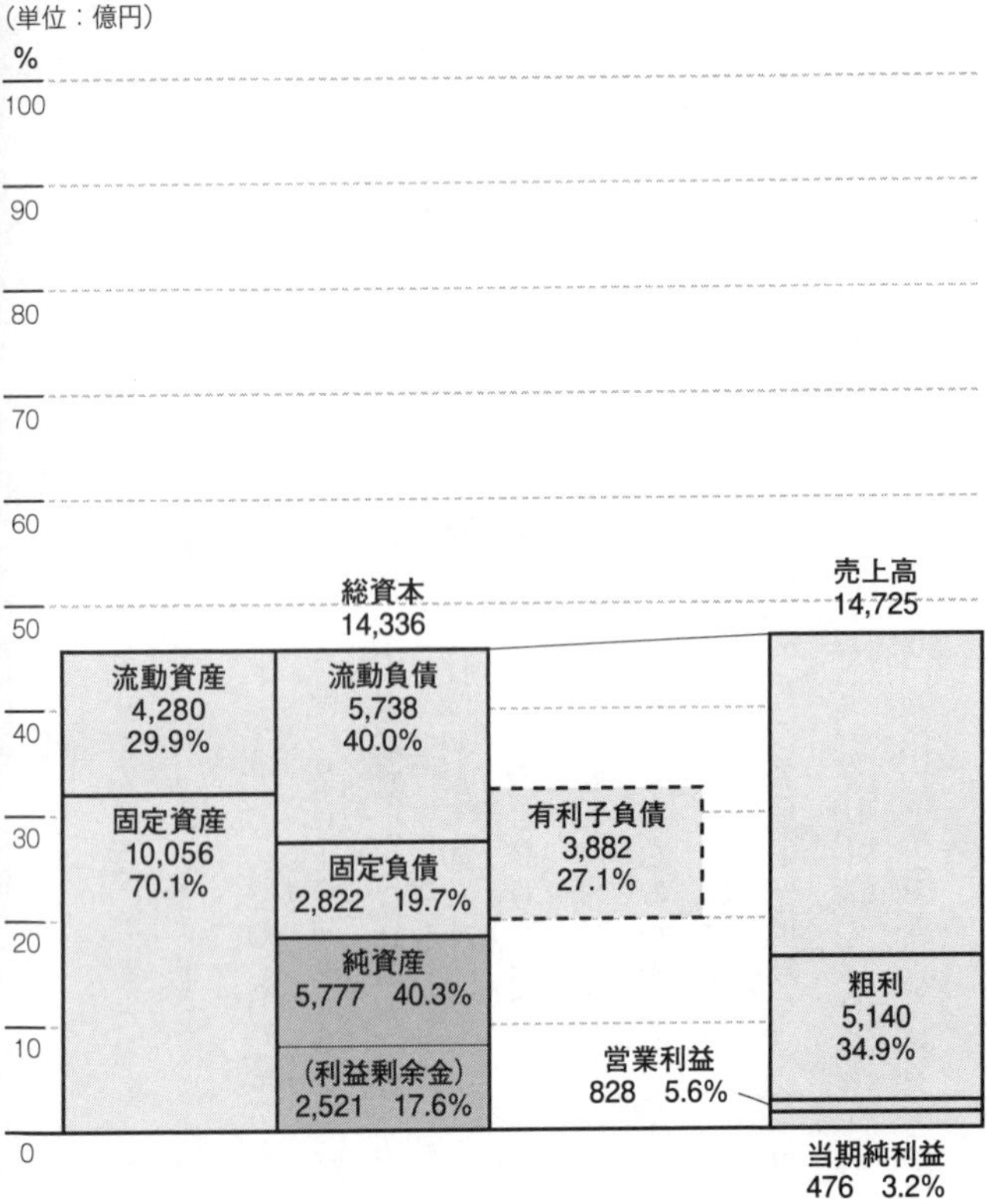

図表 2-4-5　キリンとアサヒの 2009 年の PL と BS

キリン（2009年12月期）

ROE	4.1%
財務レバレッジ	2.39
総資本回転率	0.80
当期純利益率	2.2%

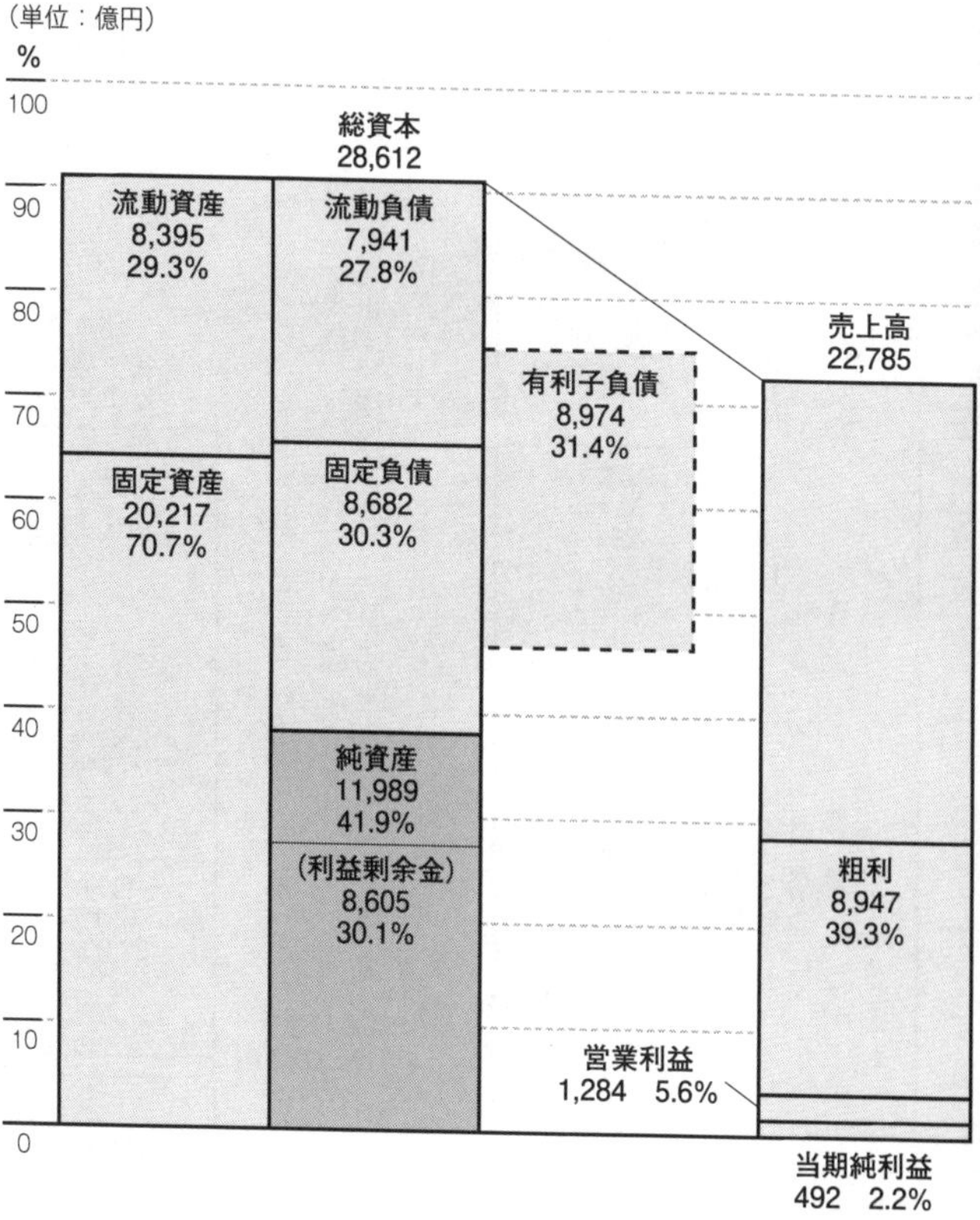

アサヒ（2019年12月期）

ROE	11.3%
財務レバレッジ	2.52
総資本回転率	0.67
当期純利益率	6.8%

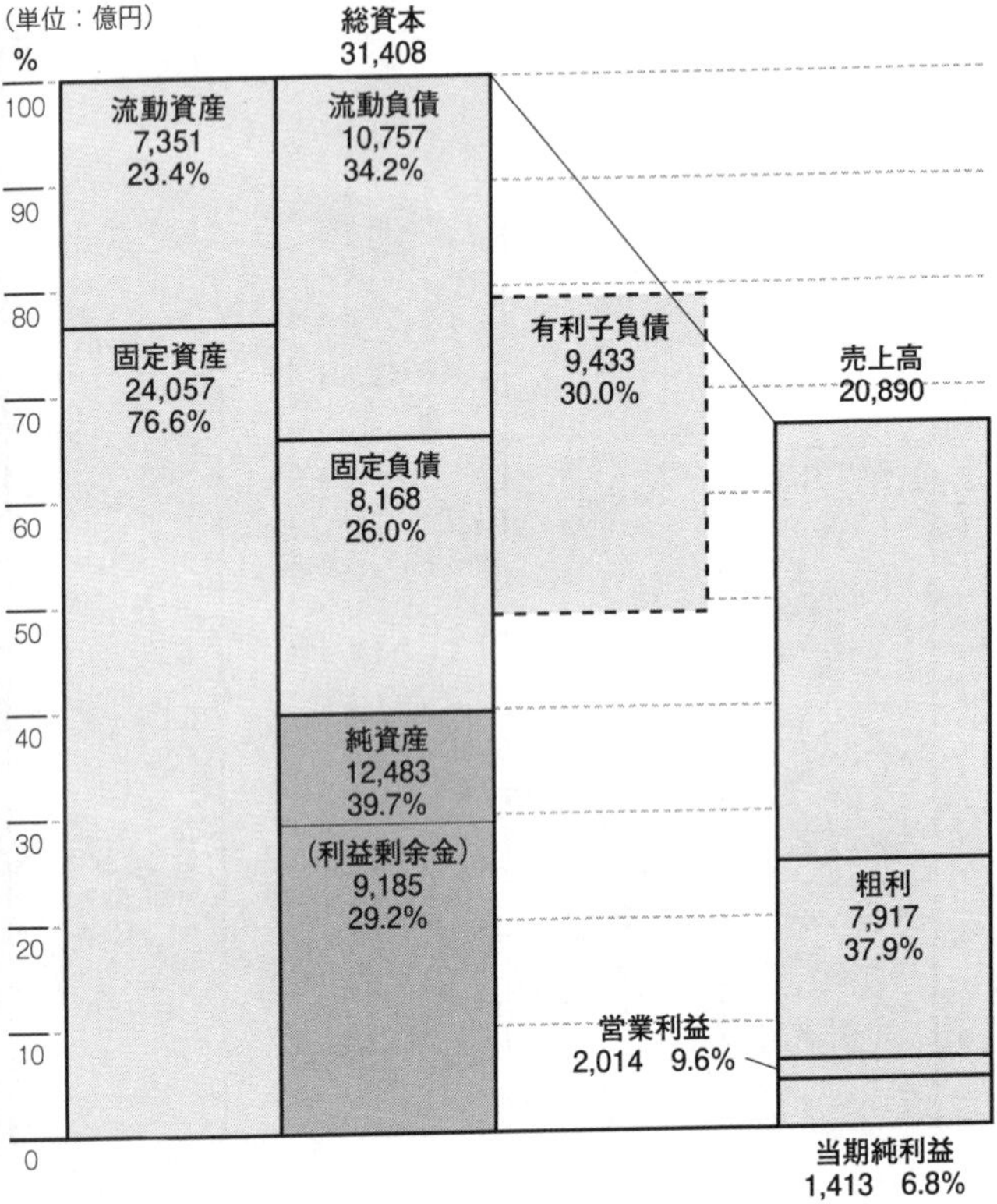

図表 2-4-6　キリンとアサヒの 2019 年の PL と BS

キリン（2019年12月期）

ROE	7.1%
財務レバレッジ	2.10
総資本回転率	0.80
当期純利益率	4.2%

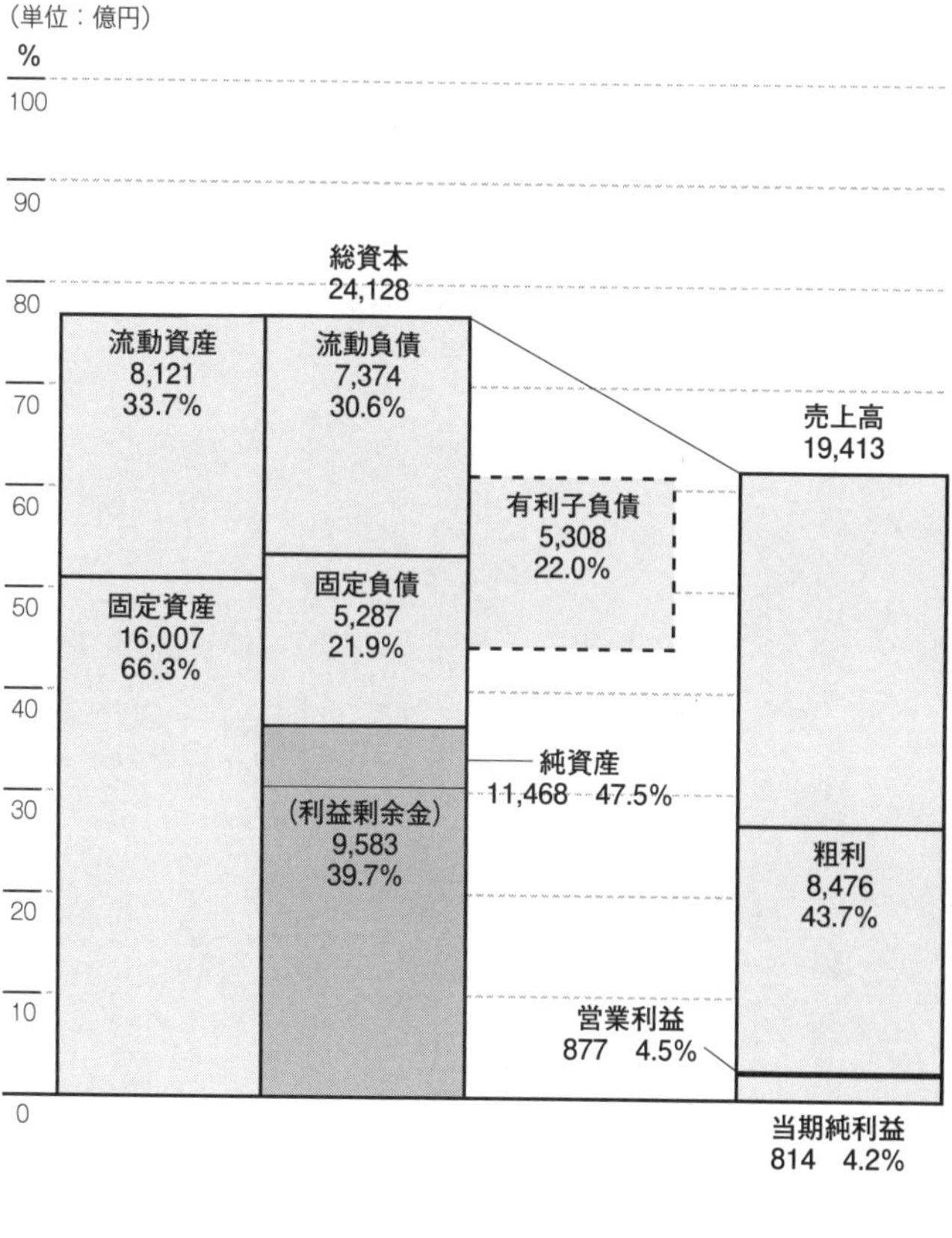

サヒの図が逆転している感じですね。

言われてみれば、アサヒは2012年にカルピスを傘下に収め、2016年には欧州のビール会社を傘下に収めています。2019年にはオーストラリアの大手ビール会社を傘下に収めることを発表し、M&A拡大路線を突き進んでいます。

キリングループの管理職の方も私の会計研修を多数受講してくださっているのですが、彼らの話によればキリンは海外事業の見直し段階に入っているとのことです。

このような状況から、2009年と2019年のキリンとアサヒのPLとBSは逆の形になっています。財務諸表には経営戦略が如実に表れるのです。

②NTTドコモ―ソフトバンク

次もキリン―アサヒと同じように、経営戦略が財務諸表に表れるという観点から、株式会社NTTドコモ（以下「NTTドコモ」）とソフトバンクグループ株式会社（以下「ソフトバンク」）。なお、ソフトバンクの企業名の変遷については111ページの脚注をご参照ください）を比較してみましょう。

次の図表2－4－7と図表2－4－8と図表2－4－9は、それぞれ2006年と2013年と2020年のNTTドコモとソフトバンクのPLとBSをすべて同じ縮尺で作図したものです。

まず、図表2－4－7をご覧ください。小さい図で恐縮ですが、ここでは図の大きさだけ、つまり両社の規模感だけを比較してください。2006年当時、ソフトバンクの総資本と売上高は、それぞれにNTTドコモの総資本と売上高の4分の1程度の会社でした。

それが2013年には図表2－4－8のようになっています。ほぼ規模は拮抗しています。これはソフトバンクが自分の会社の規模より遥かに大きいボーダフォンを買収したためでした。

自分の会社の規模より遥かに大きい会社を買収するなど普通では考えられません。当時、この買収はレバレッジド・バイアウトと呼ばれていました。前述したように、レバレッジとは梃子の意味ですが、何を梃子にしたのか。それは、買収するボーダフォンの資産価値と買収後のソフトバンクの携帯電話の事業価値を梃子にして、金融機関から莫

ソフトバンク（2006年3月期）

ROE	16.7%
財務レバレッジ	5.26
総資本回転率	0.61
当期純利益率	5.2%

（単位：億円）

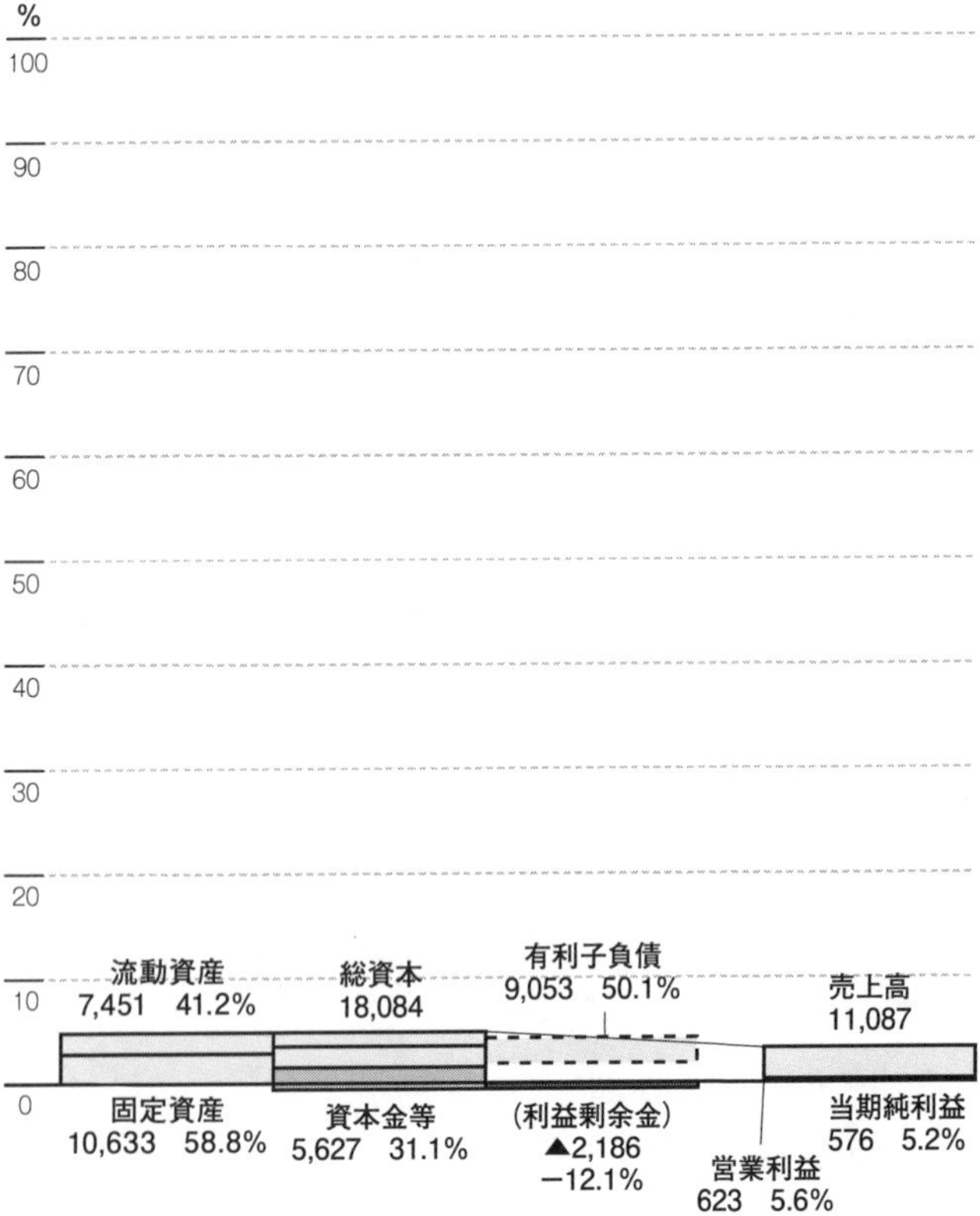

図表 2-4-7　NTT ドコモとソフトバンクの 2006 年の PL と BS

NTTドコモ（2006年3月期）

ROE	15.1%
財務レバレッジ	1.57
総資本回転率	0.75
当期純利益率	12.8%

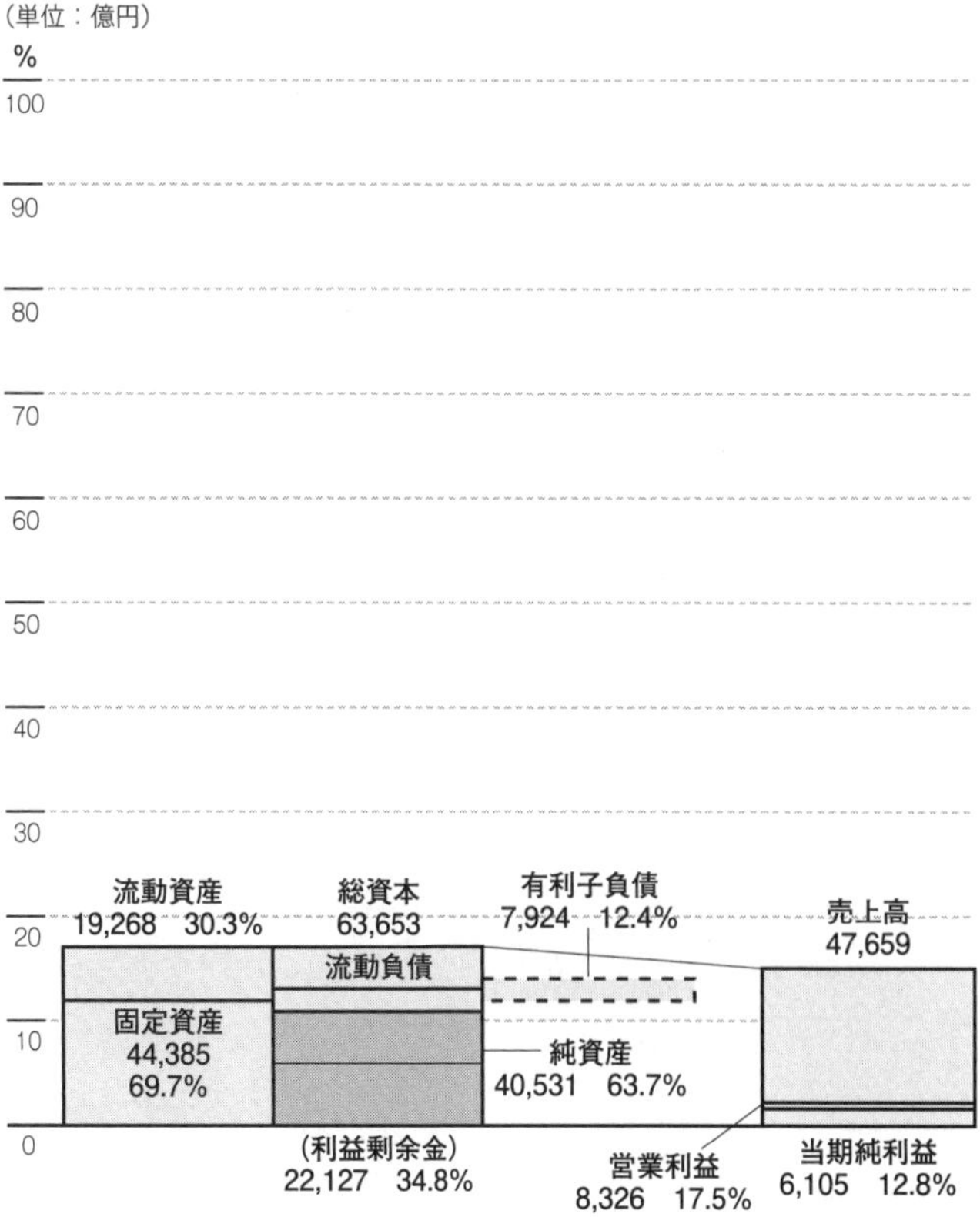

ソフトバンク（2013年3月期）

ROE	13.7%
財務レバレッジ	3.10
総資本回転率	0.52
当期純利益率	8.6%

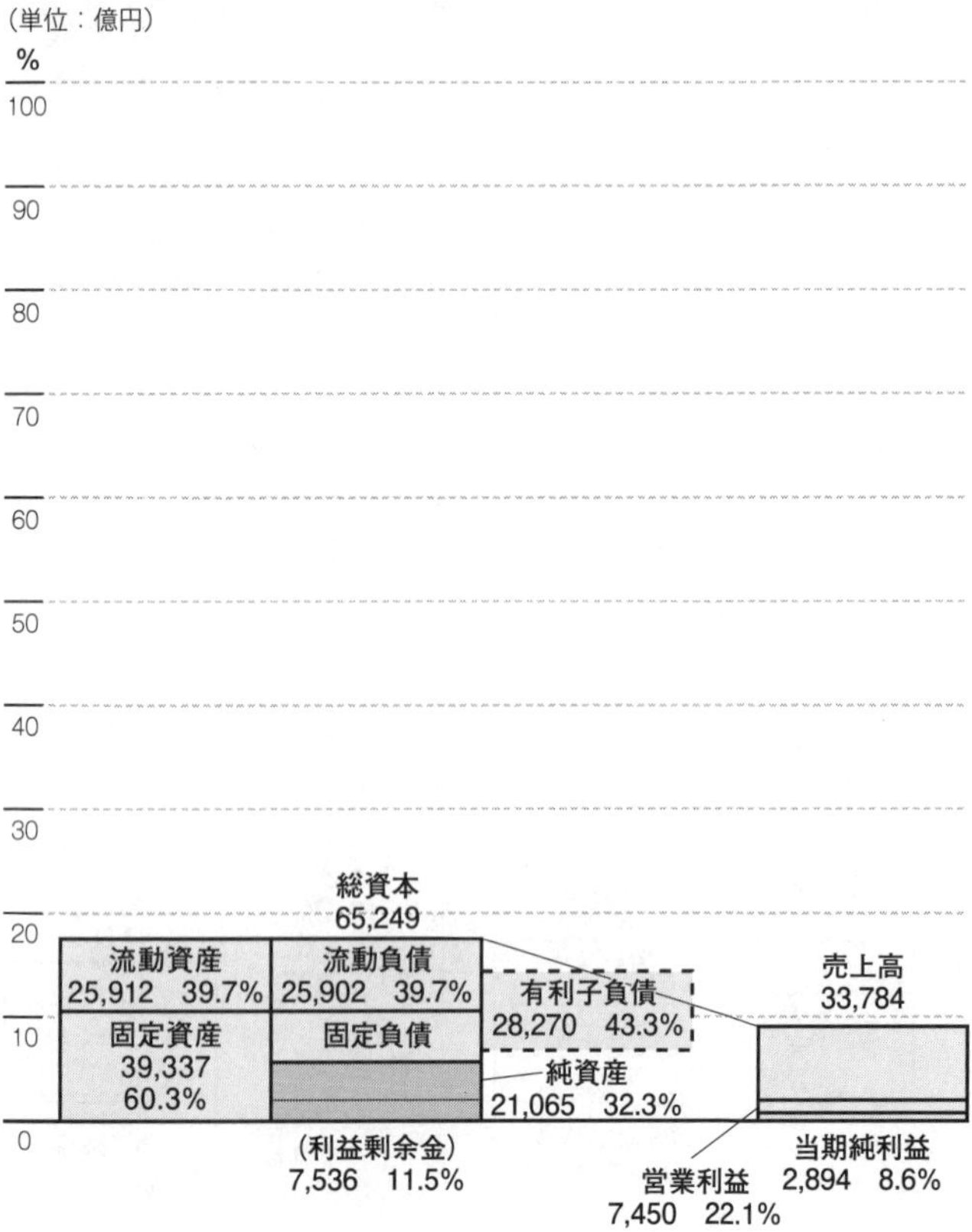

図表 2-4-8　**NTT ドコモとソフトバンクの 2013 年の PL と BS**

NTTドコモ（2013年3月期）

ROE	9.1%
財務レバレッジ	1.32
総資本回転率	0.62
当期純利益率	11.1%

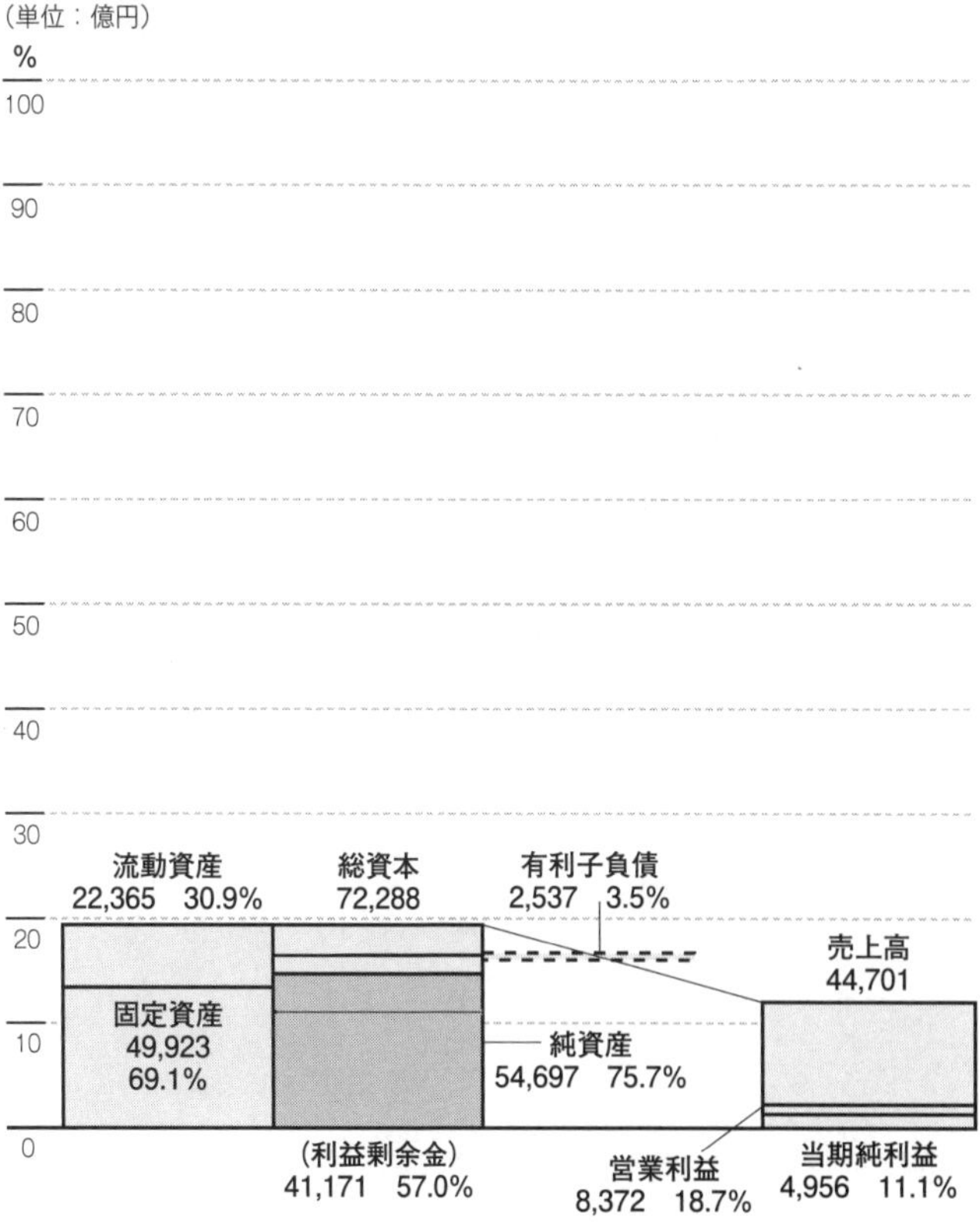

大な借入をしてこの買収が行われたのです。

そのソフトバンクは2020年には次のページの図表2－4－9のようになるのです。[*5]この図を私の会計研修などで示すと、受講生から「作図が間違っているのではないですか」と言われることがありますが、間違っているわけではありません。2020年のソフトバンクは総資産がNTTドコモの約5倍の規模の会社になっているのです。

これはソフトバンクがM&Aでたくさんの企業を傘下に収めてきたからです。特に影響が大きかったのは2013年に行われたアメリカの大手通信会社スプリントの買収でした。この買収によりソフトバンクは資産規模として桁違いに大きな会社になったのです。

図表2－4－9のNTTドコモのBSを見てください。利益剰余金が総資本の6割程度にまで積み上がっています。有利子負債はほとんどありません。このようなBSの企業は、これまで説明してきたように優良企業と言っていいでしょう。

では、ソフトバンクはどうなのでしょうか。年間の売上高の3倍以上の有利子負債を抱えています。みなさんもご自身の会社で想像してみてください。年間の売上高の3倍の借金を抱えている状態を。空恐ろしい感じがします。しかし、借金が多いから悪いというわけではないのです。2009年当時のキリンや2019年のアサヒがそうであったように、M&Aで急拡大している会社は、有利子負債が膨らみBSがどんどん大きくなるような形になるのです。

繰り返しになりますが、財務諸表には経営の効率が表れるだけでなく、経営戦略や経営者の意思が表れるのです。

＊5　2020年3月期のソフトバンクとは「ソフトバンクグループ株式会社」であり、2013年3月期のソフトバンクとは「ソフトバンク株式会社」です。ただし、現在の「ソフトバンクグループ株式会社」は以前の「ソフトバンク株式会社」（初代法人）が商号変更した会社です。ちなみに、現在の「ソフトバンク株式会社」（2代目法人）は以前の「ソフトバンクモバイル株式会社」が商号変更した会社です。また、ソフトバンクの2013年3月期の財務諸表は日本基準ですが、2020年3月期は国際会計基準（IFRS）で作られています。厳密に比較しようとすれば会計基準の違いによる調整が必要ですが、本書の比較ではそのような調整は行っていないことをご了承ください。

ソフトバンク（2020年3月期）

ROE	−13.0%
財務レバレッジ	5.05
総資本回転率	0.17
当期純利益率	−15.5%

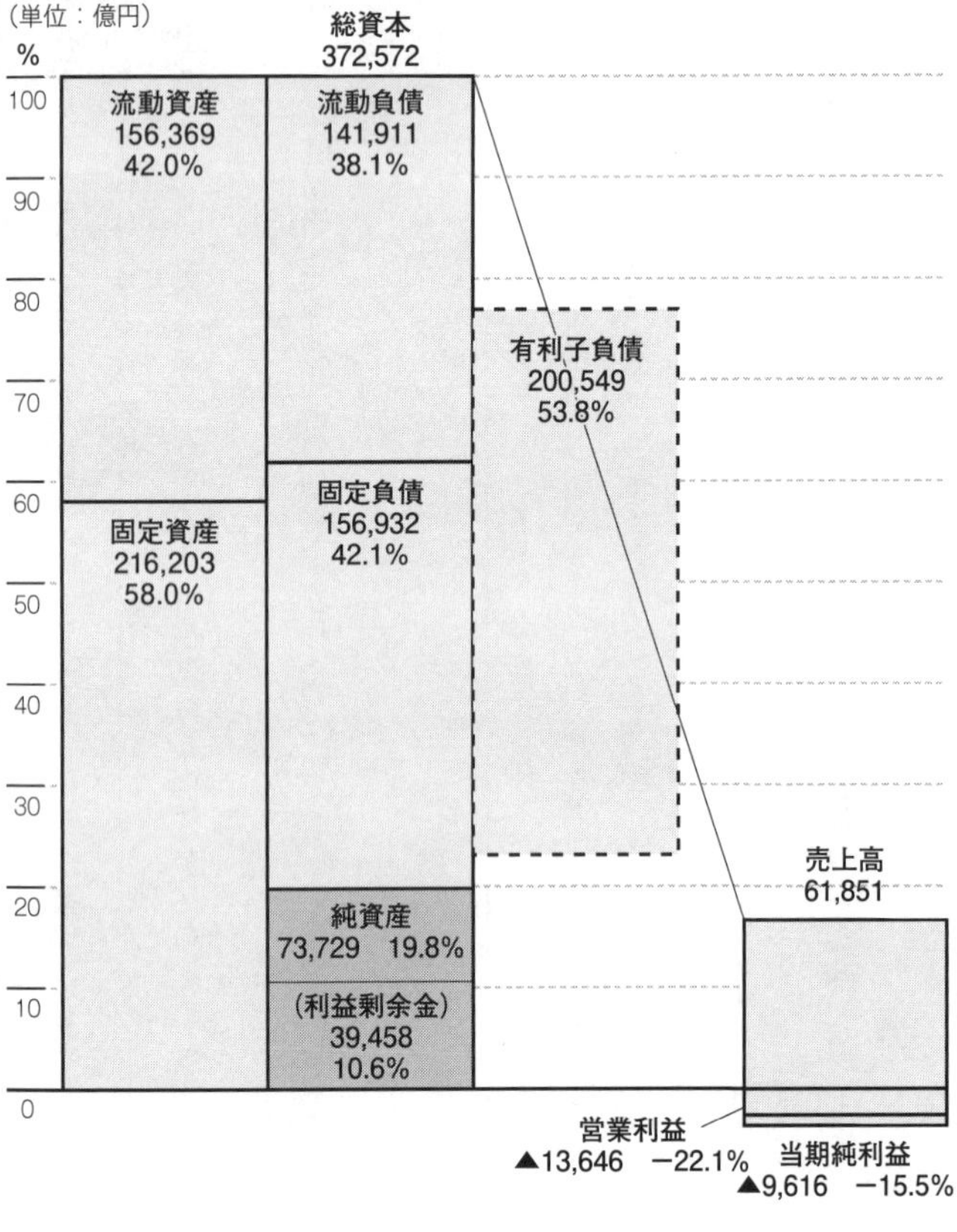

図表 2-4-9　NTT ドコモとソフトバンクの 2020 年の PL と B

NTTドコモ（2020年3月期）

ROE	11.2%
財務レバレッジ	1.43
総資本回転率	0.62
当期純利益率	12.7%

（単位：億円）

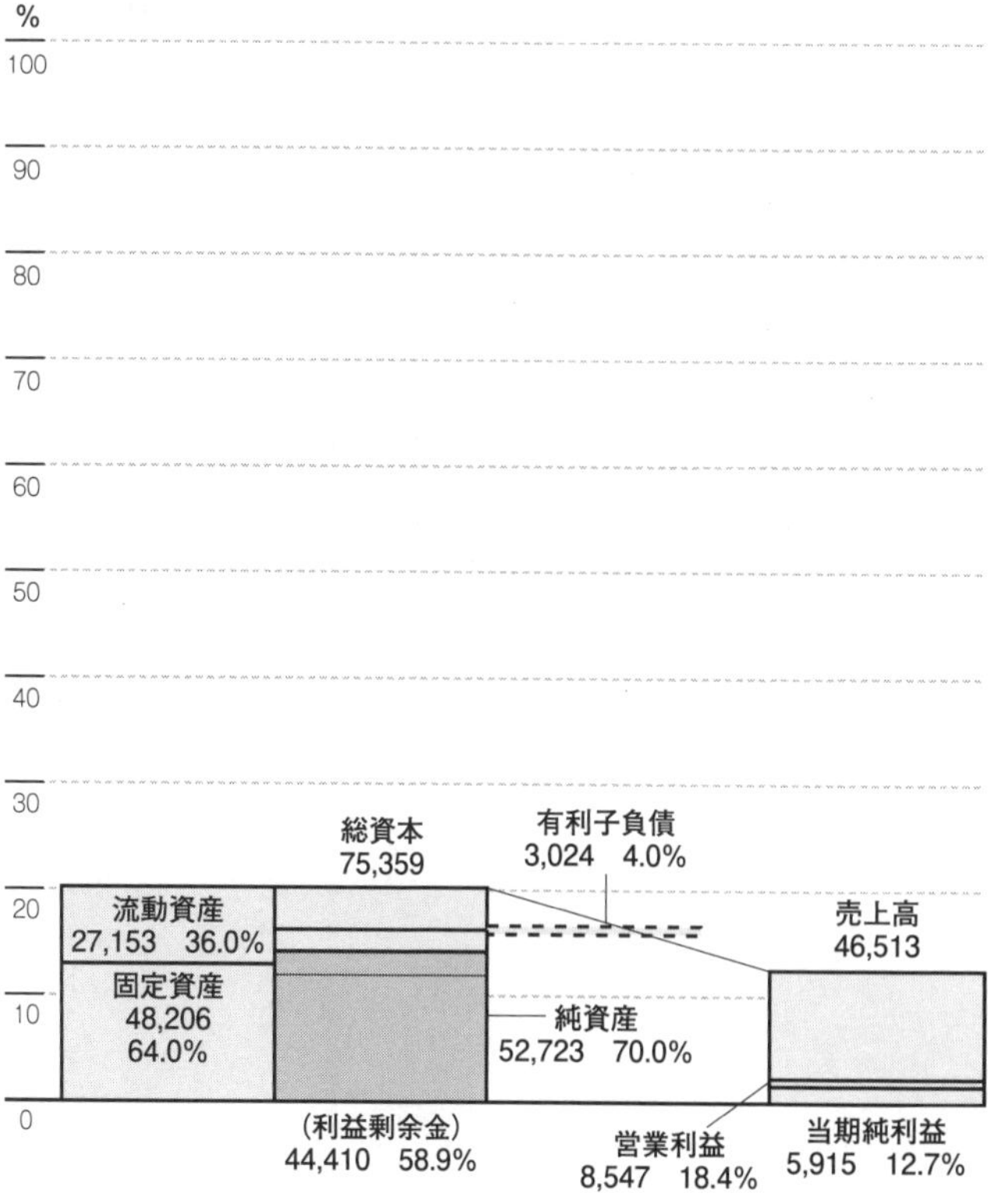

もう一度、図表2－4－9のNTTドコモのBSを見てください。NTTドコモはほとんど無借金に近い会社です。108・109ページの図表2－4－8の2013年のNTTドコモのBSも見てください。このころもNTTドコモは無借金に近い状態です。読者のみなさんにここで覚えておいていただきたいのは、「NTTドコモは無借金に近い状態の会社で、それが長く続いている会社である」ということです。これに関連することを後ほどNTTドコモのCS分析のところで触れたいと思います。

（5）企業の方針（Policy）が財務諸表に表れる

これまで経営戦略が財務諸表に表れる話をしてきましたが、財務諸表に表れるのは経営戦略だけではなく企業の大きな方針も表れます。方針という言葉を使ったのは、これから説明する内容が、これまで説明してきた戦略（Strategy）というより方針（Policy）という言葉に近いからです。これから説明するアップル、ソニー、ＩＢＭ、アマゾンといった会社には会社としての特徴的な方針があります。そして、その特徴的な方針の結果としての業績が財務諸表に表れるのです。

①アップル――ソニー

次のページの図表２－５－１は２０１０年ごろのApple Inc.（以下「アップル」）とソニー株式会社（以下「ソニー」）のＰＬとＢＳです。アップルとソニーはいまや同じ業界の会社とは言えないかもしれません。アップルはスティーブ・ジョブズが復帰して以来、

ソニー（2011年3月期）

ROE	−8.8%
財務レバレッジ	4.37
総資本回転率	0.56
当期純利益率	−3.6%

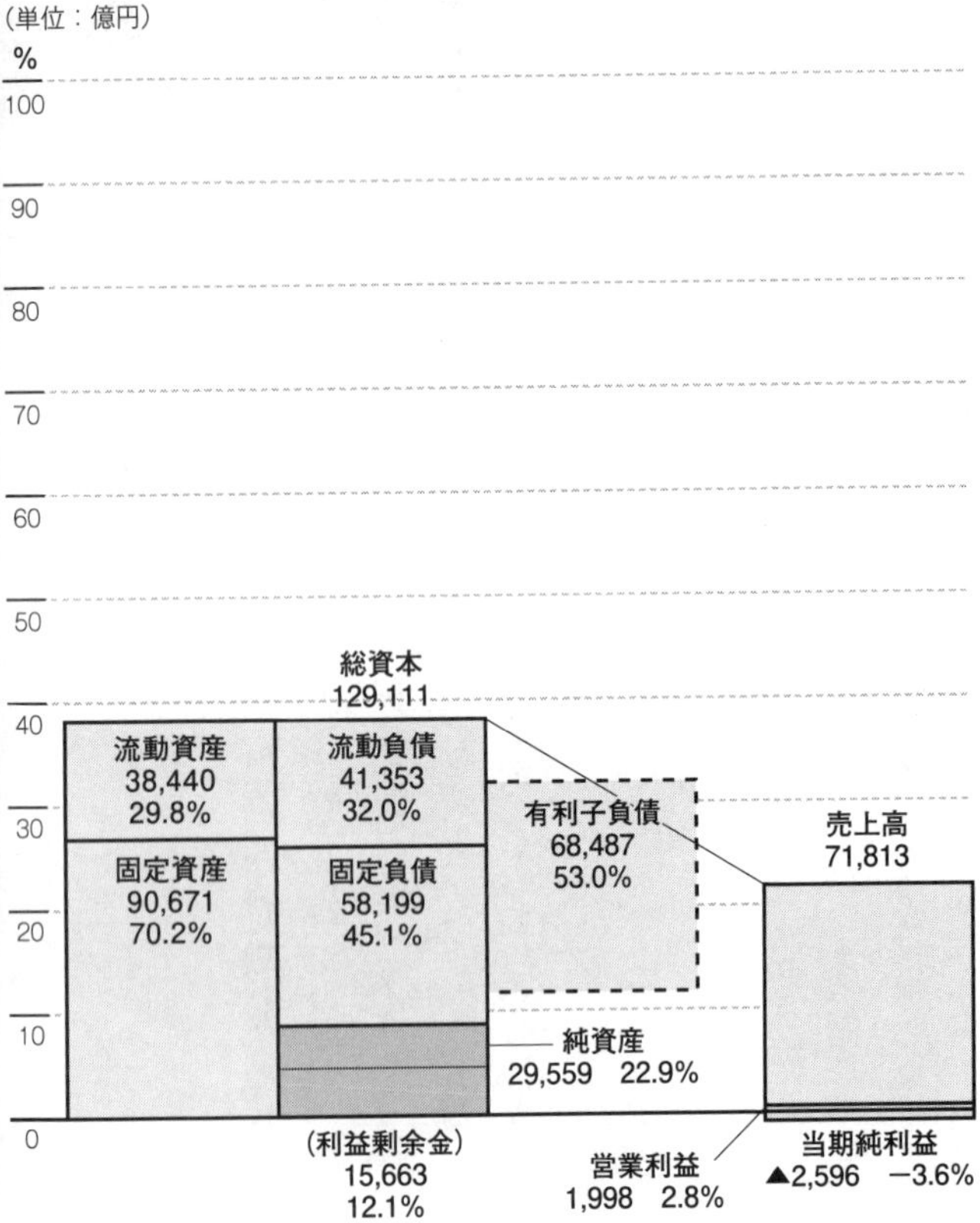

図表 2-5-1　アップルとソニーの 2010 年ごろの PL と BS

アップル（2010年9月期）

ROE	29.3%
財務レバレッジ	1.57
総資本回転率	0.87
当期純利益率	21.5%

（単位：億円）

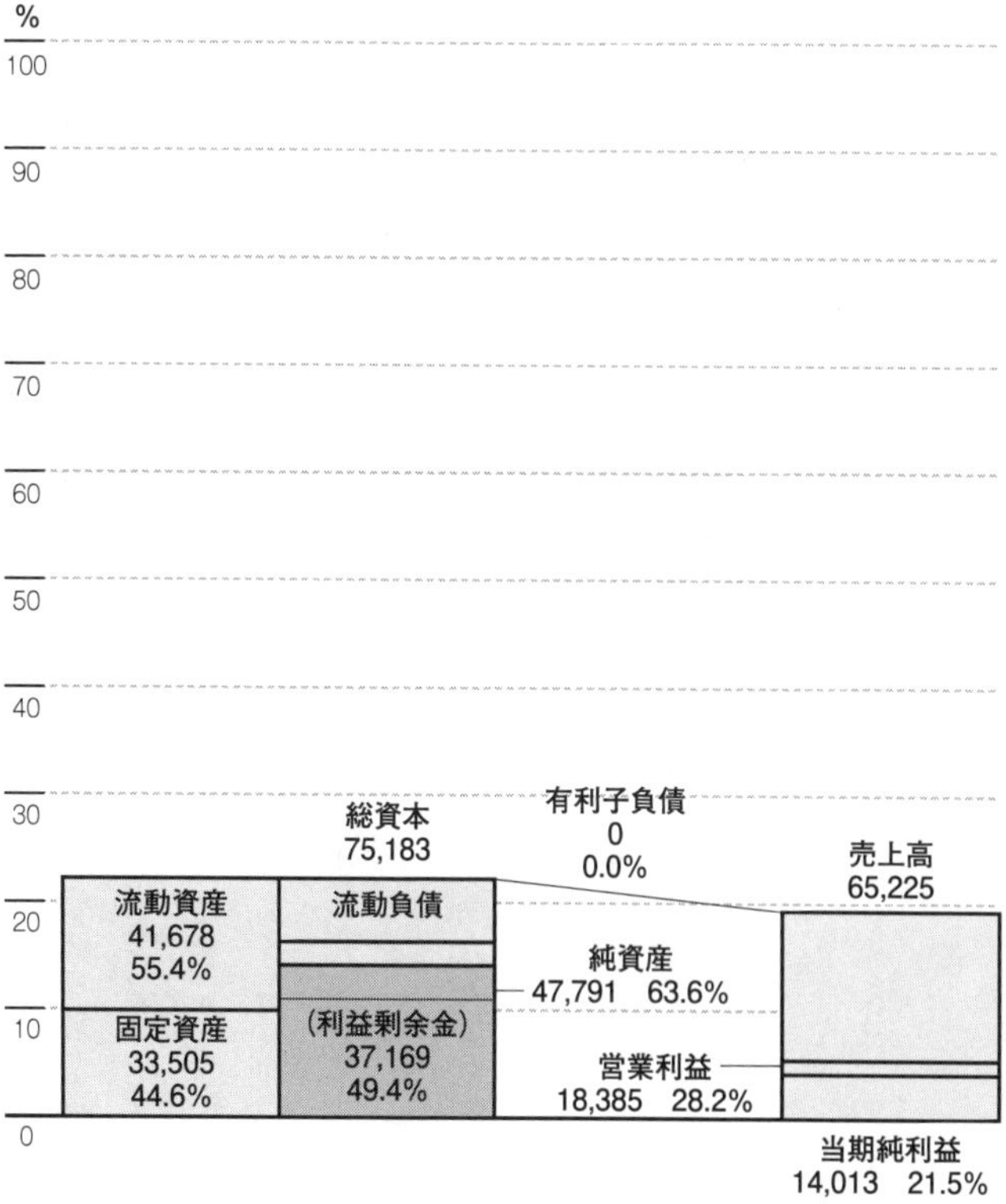

図表 2-5-2　アップルの製品別売上高

($ in millions, %)

Net sales by category:	2019		2018	
iPhone	142,381	55%	164,888	62%
Mac	25,740	10%	25,198	9%
iPad	21,280	8%	18,380	7%
Wearables, Home and Accessories	24,482	9%	17,381	7%
Services	46,291	18%	39,748	15%
Total net sales	260,174	100%	265,595	100%

商品群を絞り集中経営を行ってきました。主な商品群はｉＰｈｏｎｅ、Ｍａｃ、ｉＰａｄ、その他アップルウォッチなどですが、図表２－５－２に示すように２０１９年はｉＰｈｏｎｅだけで売上高の約55％、２０１８年は約62％を占めています。一方、ソニーはソニー銀行・ソニー生命・ソニー損保などの金融ビジネスや、ゲーム・音楽・映画といったソフトウェアの分野がグループ内の大きな柱になってきています。

ただ、２社共にスマホやコンピューターを取り扱っているという点では、近しい業界の会社と言っていいでしょう。図表２－５－１が示すように、アップルの２０１０年９月期の売上高は６兆５２２５億円（１$＝１００円換算[*6]）、ソニーの２０１１年３月期売上高は７兆１８１３億円。２０１０年ごろの両社の売上高はほぼ同じくらいでした。

それが2020年ごろには、次のページの図表2-5-3のようになっています。アップルの売上高は約26兆円です。トヨタの連結売上高が約30兆円ですから、トヨタの全世界売上高のほぼ半分をiPhoneだけで稼ぎ出しているような会社なのです。

スゴイのは売上高だけではありません。アップルの2019年9月期の営業利益率は24・6%です。読者のみなさんは日本の大手電機メーカーの営業利益率がどれくらいかご存じでしょうか。ザックリ言えば3%程度です。過去20年ほど振り返ってみても、日本の大手電機メーカーの営業利益率は1~10%くらいで推移しているのが一般的です。122ページの図表2-5-4をご覧ください。アップルは高い営業利益率を維持して

---

*6　本書には外国の企業の例がたくさん出てきますが、換算レートはすべて1$=100円、1€=120円、1SEK（スウェーデン クローナ）=12円で計算しています。ちなみに、海外の企業の財務諸表は$ in millions（百万ドル）で表記されている場合が多いですが、1$=100円で計算すれば、$1million（百万ドル）は1億円ですから、$1million単位の数字も億円単位の数字に読み替えてイメージできます。

ソニー（2020年3月期）

ROE	12.2%
財務レバレッジ	4.81
総資本回転率	0.36
当期純利益率	7.0%

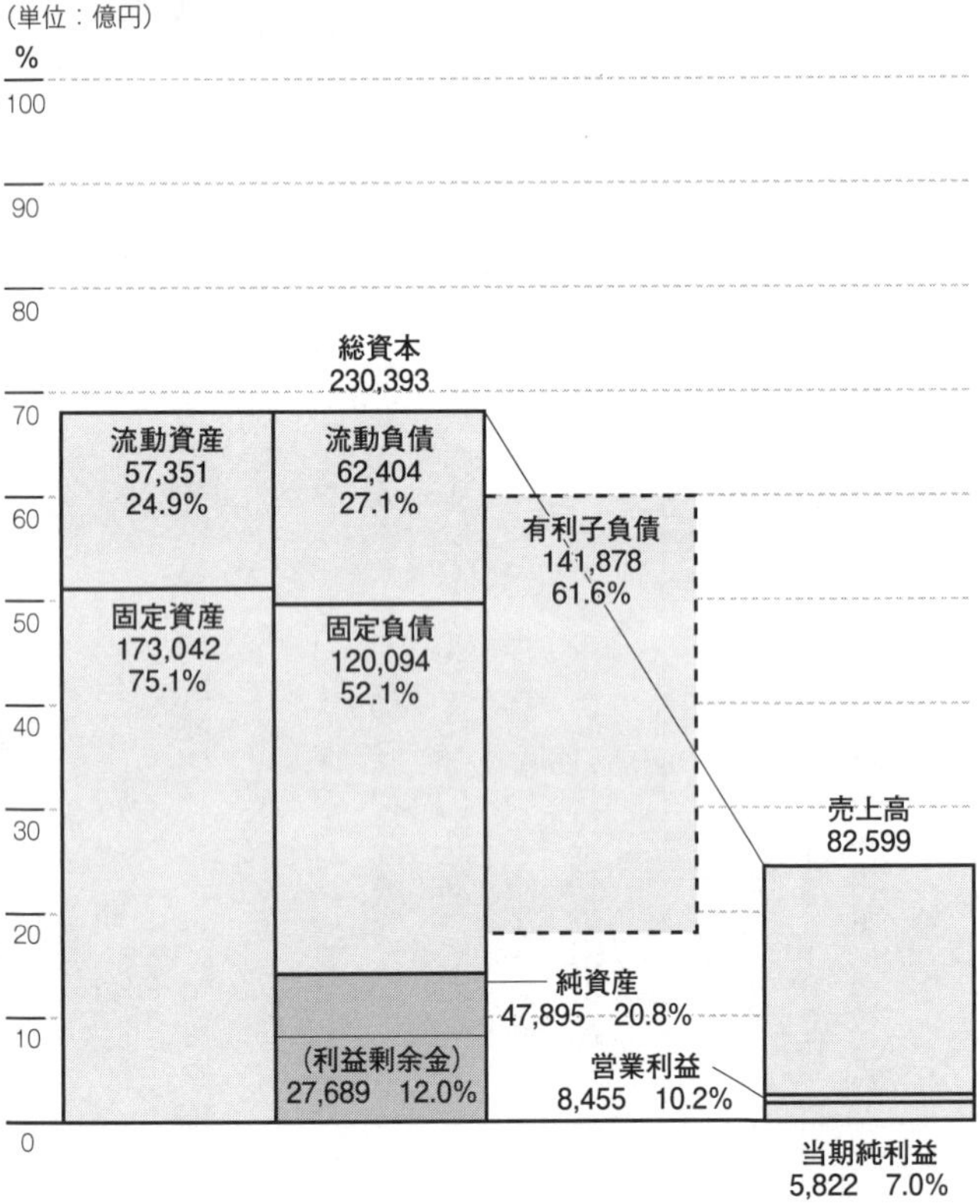

図表 2-5-3　アップルとソニーの 2020 年ごろの PL と BS

アップル（2019年9月期）

ROE	61.1%
財務レバレッジ	3.74
総資本回転率	0.77
当期純利益率	21.2%

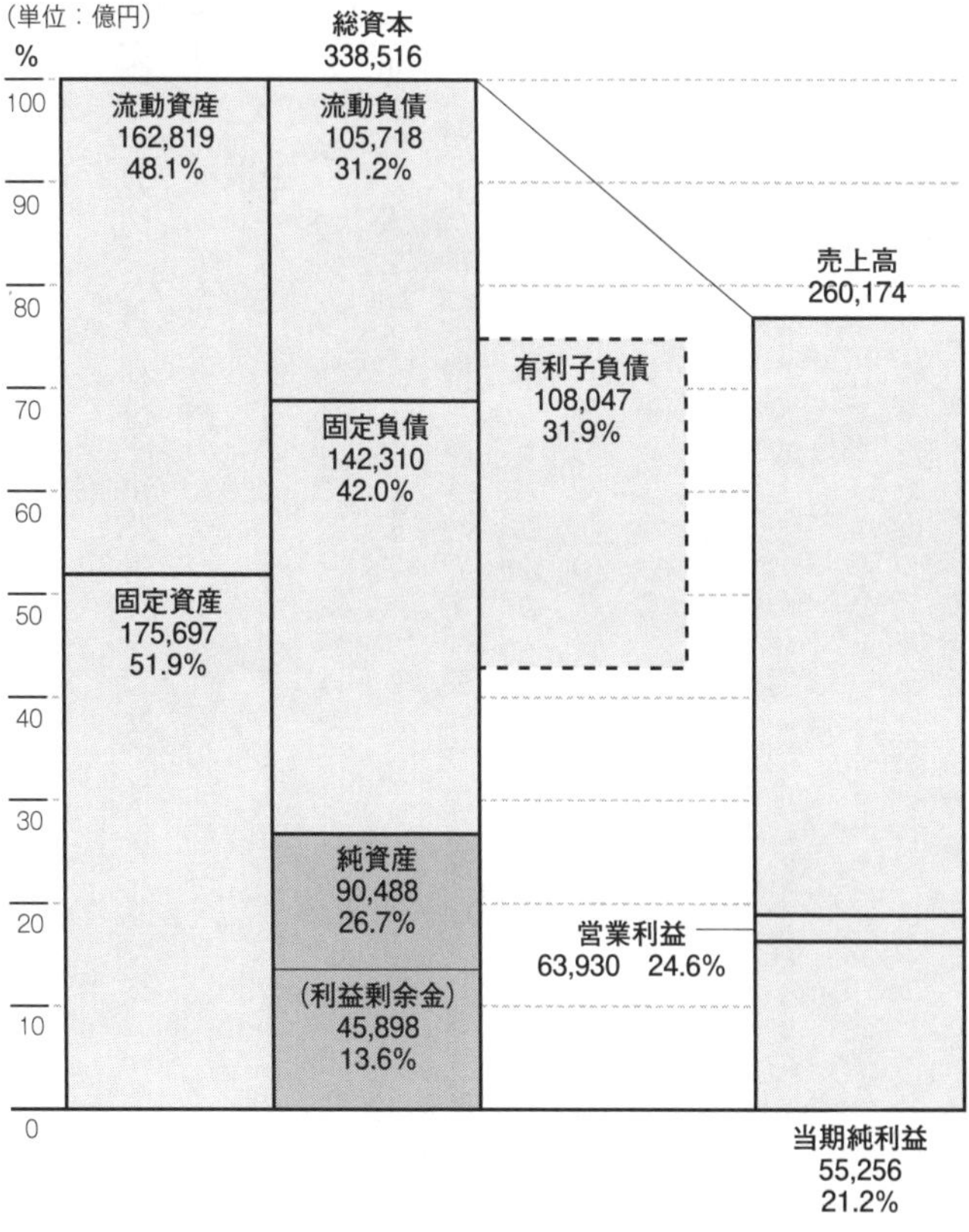

図表 2-5-4　アップルの営業利益率推移

	2015年9月期	2016年9月期	2017年9月期	2018年9月期	2019年9月期
営業利益率	30.5%	27.8%	26.8%	26.7%	24.6%

います。

売上高が26兆円で営業利益率が25～30%程度で推移しているような会社は産業史においてあまり例のなかった会社でしょう。

ただ、読者のみなさんの中には「そうは言っても総資本回転率はかなり悪いじゃないか。大きな意味で経営効率はあまり良くないのではないか」と思われた人もいるかと思います。

しかし、アップルは事情が違うのです。アップルの2019年9月期の総資本は図表2－5－3を見ればわかるように約34兆円です。総資本が34兆円ということは、BSの左側の総資産も34兆円です。この34兆円の総資産の中の約20兆円が現金なのです。正しく言えば、現金及び市場性有価証券、英語で言えばMarketable securitiesです。つまり、市場で売り買いできる国債や社債などと合わせて、現金に近い資産を約20兆円保有しているということです。

アップルも積極的に設備投資を行っている企業です。しかし、アップルは日々の設備投資に向ける以上の莫大な営業キャッシュが入ってきていて、それを取りあえず有価証券に変えて保有し、次の展開に備えているという感じなのです。

もし、アップルがこの現金相当分の20兆円に5倍のレバレッジを掛けて他人資本を集めようと思えば、約100兆円のお金が集まってもおかしくないポテンシャルを持っている会社だと言えます。100兆円というと、日本人にはなじみのある数字です。日本の国家予算ですね。

過去の企業の歴史を紐解けば、大きな成功を収めた会社の中には、その大成功ゆえに次の事業機会を生み出せずに衰退していった会社が少なくありません。アップルもiPhoneの次の独創的な事業を生み出すことに苦戦していると言われています。ただ、アップルは日本の国家予算並みのお金を動かせるポテンシャルを持っている会社なのです（現実的にはあり得ないことかもしれませんが……）。アップルが今後どのような分野で新たな市場を開拓してくるのか楽しみです。

ソニーも総資本回転率が低い状態です。これはアップルの事情とは異なります。ソニーの総資本回転率が低いのは、ソニーがソニー銀行、ソニー生命、ソニー損保などの金融ビジネスをグループ内に抱えているからです。

金融ビジネスのＰＬとＢＳの形は図表２－５－５のようなイメージが一般的です。例えば、私たちの銀行への預金は銀行から見れば負債です。銀行は私たちの預金など、銀行から見れば他人資本を運用して利益をあげています。銀行の収益は受取利息や運用益が主なものです。ですからＢＳが極端に大きくＰＬが極端に小さいというのが銀行のＰＬとＢＳの特徴なのです。

図表2-5-5
金融ビジネスのPLとBSの特徴

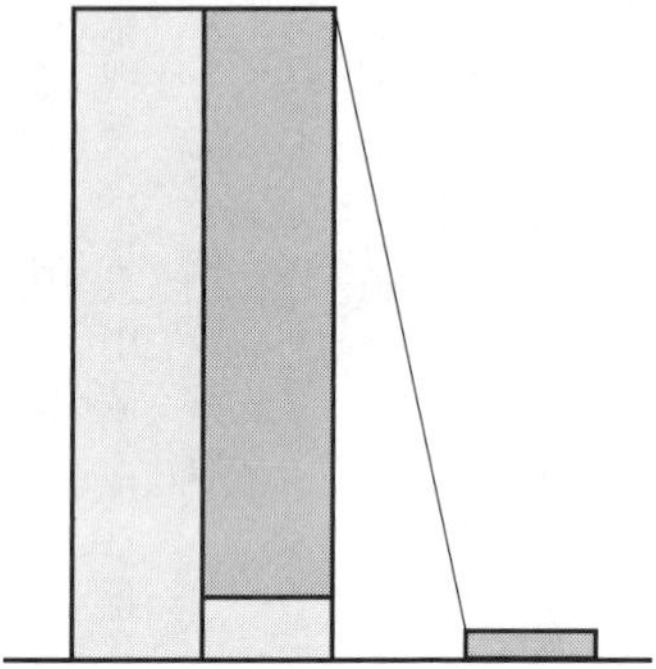

図表２－５－３のソニーのＰＬとＢＳは連結の財務諸表を図にしたものですから、カメラやテレビなどの第２次産業分野のＰＬとＢＳの上に、金融ビジネスのＰＬとＢＳが乗っかっています。だから総資本回転率が低い形になっているのです。

ソニーのようにグループ内で多業種の事業を展開しているような会社は、連結の財務諸表を見ただけでは詳細な会社の状況を判断することはできません。少なくともセグメ

図表 2-5-6
ソニーのセグメント別営業利益（2020年3月期）

（単位：億円・%）

ゲーム&ネットワークサービス	2,384	26%
音楽	1,423	16%
映画	682	7%
エレクトロニクス・プロダクツ&ソリューション	873	10%
イメージング&センシング・ソリューション	2,356	26%
金融	1,296	14%
その他	163	2%
計	9,176	100%
全社（共通）及びセグメント間取引消去	△ 722	
連結営業利益	8,455	

ント情報と言われる事業種類別や地域別の売上高や営業利益をチェックしなければなりません。

図表2－5－6はソニーの2020年3月期のセグメント別の営業利益です。セグメントの名前は各社が勝手につけますので、名前を見ただけではその内容がよくわからない場合があります。イメージしにくいものだけ上から順に簡単に説明しておきましょう。「ゲーム&ネットワークサービス」は主にプレステなどのゲーム事業、「エレクトロニクス・プロダクツ&ソリューション」は主にテレビ・オーディオ・カメラ・スマートフォンなどの事業、「イメージング&センシング・ソリューション」は主に半導体事業です。

注目していただきたいのは黒枠で囲んだところです。いまやソニーの営業利益の約63％（＝26％＋16％＋7％＋14％）がゲーム・音楽・映画・金融ビジネスで稼ぎ出されているのです。ソニーは、アップルの集中化とは全く逆の、多角化を積極的に推し進めた企業なのです。

②ＩＢＭ─ソニー

次はソニーと売上げ規模が同じくらいのＩＢＭ（正しい会社名はINTERNATIONAL BUSINESS MACHINES CORPORATION、以下「ＩＢＭ」）と比較してみましょう。ＩＢＭは〝ThinkPad〟のブランド名で有名だったコンピューター事業を売却し、ソリューションビジネスにシフトしてきました。前述したように、ソニーは多角化を進めてきましたから、ＩＢＭとソニーも同じ業界の会社とは言えないかもしれません。ただ、ＩＴとかソフトウェアといった内容では近しい業界にいる会社と言ってよいと思います。

次のページの図表２－５－７はＩＢＭとソニーの２０２０年ごろのＰＬとＢＳです。売上高はＩＢＭが７兆７１４７億円、ソニーが８兆２５９９億円ですからほぼ同じ規模感の会社です。

読者のみなさんがＩＢＭの図を見て気になっているのは、ＢＳの右側が基準線の下に突き抜けている形になっているところだと思います。ＢＳの右側が基準線の下に突き抜けている形になるのは、70・71ページの図表2－3－2の三菱自動車のように、過去の赤字が積み上がって利益剰余金がマイナスになっている場合です。

しかし、ＩＢＭは超優良企業、過去において黒字を継続してきた会社です。ＩＢＭのＢＳの右下を見てみてください。利益剰余金はマイナスになっていませんね。資本金等がマイナスになっています。資本金がマイナスになることはあり得ませんから、資本金以外に何か大きなマイナス要因になっているものがあるはずです。これは財務諸表を見ればすぐにわかります。莫大な額の自己株式がマイナスの金額で計上されているのです。

「自己株式の取得」については『新版　財務3表一体理解法　発展編』で詳しく説明しています。ただ、自己株式の取得は日本の企業でも海外の企業でもどんどん増えています。読者のみなさんの会社でも自己株式の取得を行っている会社は多いと思います。ですから、ここでは自己株式の取得についてその仕組みを簡単に説明しておきます。

ソニー（2020年3月期）

ROE	12.2%
財務レバレッジ	4.81
総資本回転率	0.36
当期純利益率	7.0%

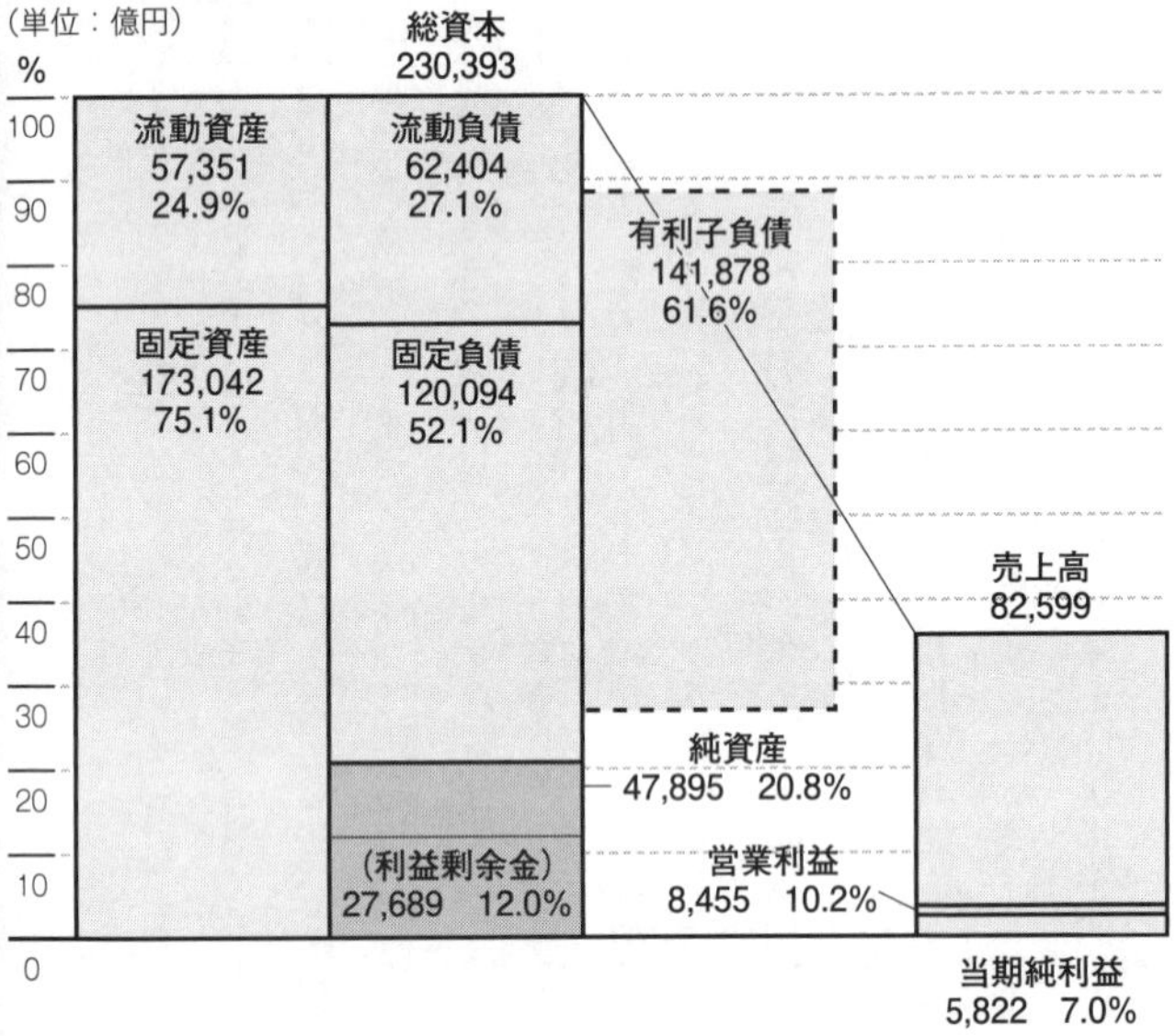

図表 2-5-7　I BMとソニーの2020年ごろのPLとBS

IBM（2019年12月期）

ROE	44.9%
財務レバレッジ	7.25
総資本回転率	0.51
当期純利益率	12.2%

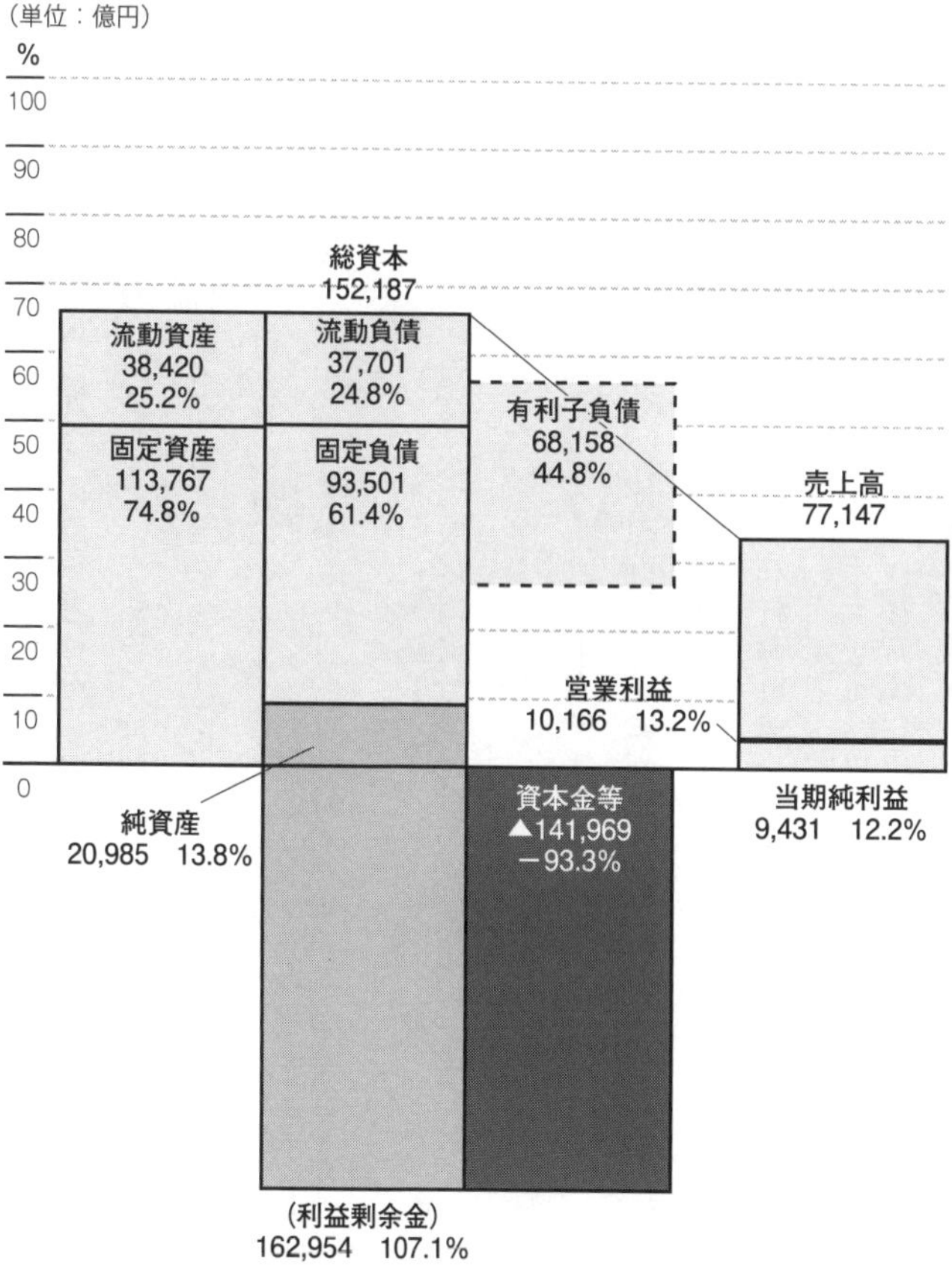

図表 2-5-8
会社と株主の関係を表すイメージ図

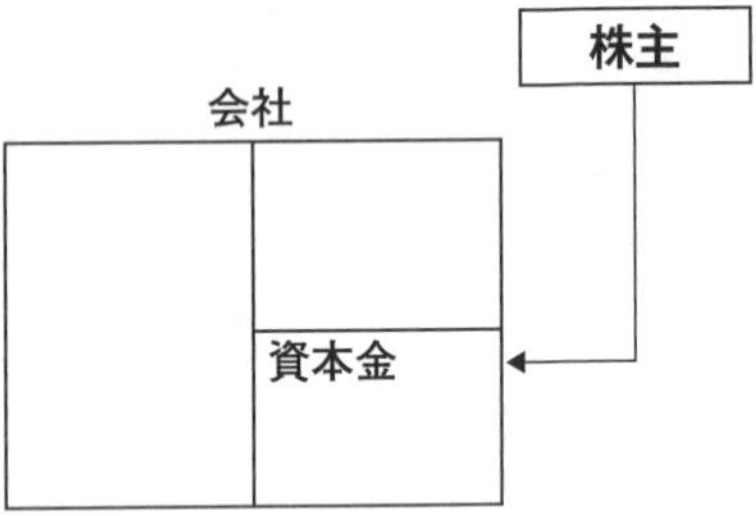

自己株式の取得とは、自分の会社の株を自分の会社が取得するという極めて奇妙なオペレーションです。図表2－5－8のイメージ図のように、通常会社の株主は会社の外にいます。ＢＳで表されているのが会社だと思ってください。会社の外の株主がその会社を保有しているわけです。

自己株式の取得は自分の会社の株式を自分の会社で取得する、つまり自分の会社の株主に自分の会社自身がなるという奇妙な取引です。この仕組みをたとえて言えば、タコが自分の足に食いついているような感じです。実際に自己株式の取得を行えば行うほどＢＳは小さくなっていきます。

自己株式の取得の説明をする前に、Ａ社が別の会社Ｂ社の株式を取得する例から説明しましょう。図表2－5－9をご覧ください。

簡単にＢＳに数字を入れておきます。資本金100万円、現金100万円の会社がＢ

図表2-5-9　A社が別の会社B社の株式を取得する場合

（単位：万円）

A社

資産	負債
現金　100	
	純資産
	資本金　100

⇒

A社

資産	負債
現金　90	
	純資産
B社株式　10	資本金　100

社の株式10万円を取得する場合です。A社はB社の株主に10万円を支払い、現金は90万円になります。そしてBSの左側に「B社株式」として10万円が記載されます。これは『新版 財務3表一体理解法』でも勉強していただいた通りの変化です。資本金１００万円が現金90万円とB社株式10万円という形になって会社に存在しているということを意味しています。

しかし、自己株式の取得ではこのようにはなりません。次のページの図表2－5－10をご覧ください。前の例と同じようにA社が自分の会社の株を10万円分取得する場合を考えてみましょう。A社は自分の会社の株主に10万円支払いますから、現金は90万円になります。自己株式の取得の場合はBSの左側に「A社株式」として10万円が記載されるのではなく、純資産の部に自己株式として

図表 2-5-10　A 社が自己株式を取得する場合

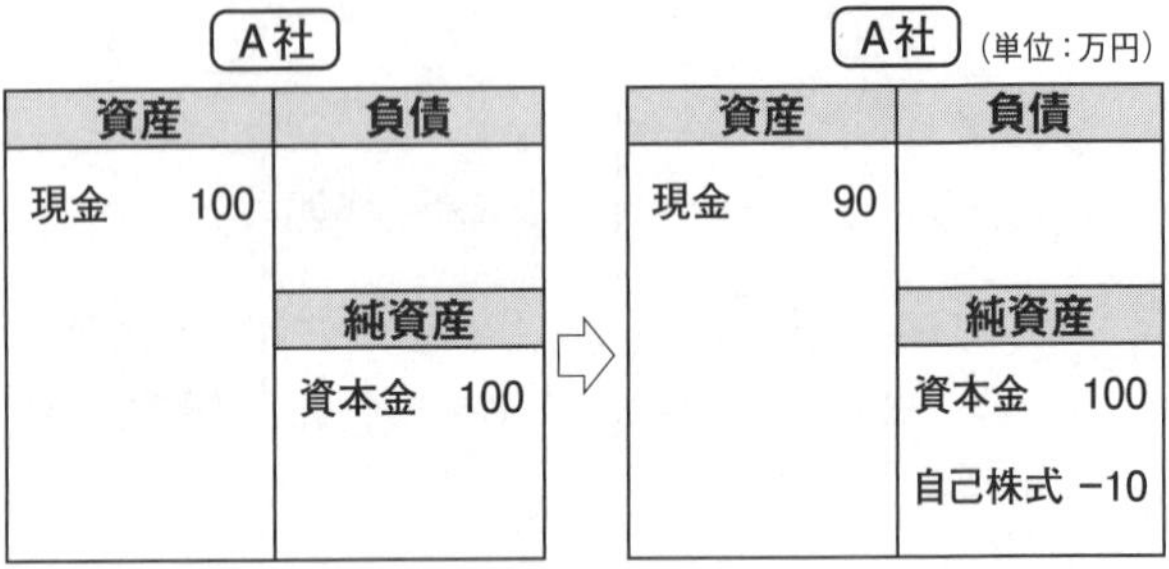

マイナスで10万円が記載されるのです。このように、自己株式の取得を行えばBSは小さくなっていくのです。

日本では自己株式の取得が2001年に解禁されました。その後自己株式の取得は産業界全体としてどんどん増えています。その主な目的はROEの向上です。ROEの計算式は、当期純利益÷自己資本でした。

ROEの数値を上げようと思えば、分子の当期純利益を増やすか、分母の自己資本を減らすしかありません。自己株式を取得すれば自己資本が小さくなりますから、ROEの値が上がるのです。

さらに良いことには、自己株式の取得は市場から株を買い取るオペレーションですから、経済学の理論にしたがえば、市場での株の供給が少なくなれば株価は上がります。

自己株式を取得すれば、ＲＯＥは上がり、株価は上がりますから、株主にとっては良いことずくめです。

ＩＢＭは欧米の会社です。欧米の会社は株主資本主義、つまり基本的に株主のために経営を行っているようなものです。ですから、株主のメリットになる自己株式の取得を積極的に行っているのです。

このように経営の大きな方針が財務諸表に表れているのです。このＩＢＭの「株主のための経営」ということに関しては、１４１ページのＣＳ分析のところでも改めて説明します。

③アマゾン―イオン

次は流通大手を比較してみましょう。AMAZON. COM, INC.（以下「アマゾン」）は言わずと知れたネット流通の覇者。イオン株式会社（以下「イオン」）は日本で一番大きい売上高を誇る小売業です。次のページの図表２－５－11はアマゾンとイオンの２０２０年ごろのＰＬとＢＳです。

イオン（2020年2月期）

ROE	1.4%
財務レバレッジ	5.98
総資本回転率	0.78
当期純利益率	0.3%

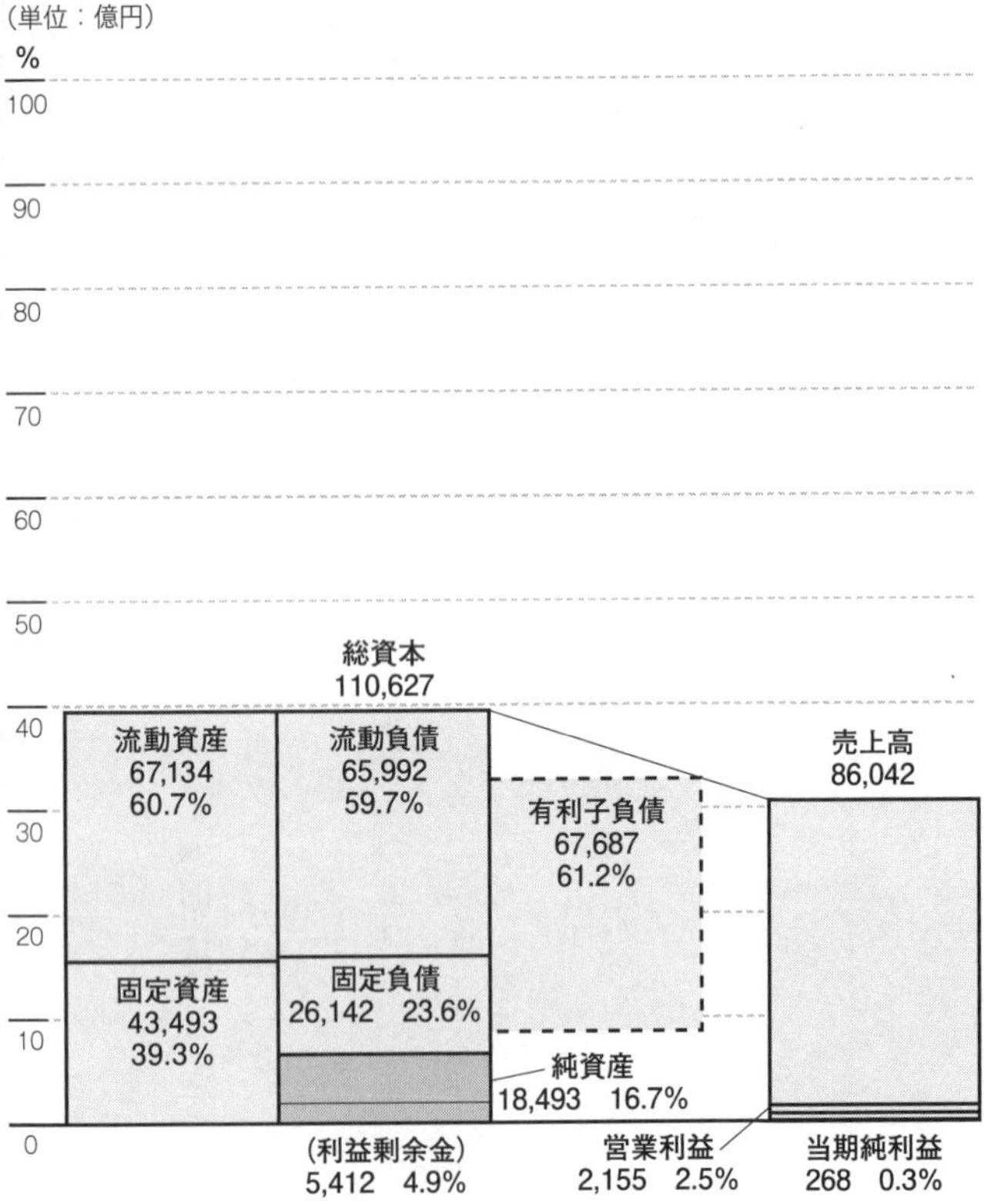

図表 2-5-11　アマゾンとイオンの 2020 年ごろの PL と BS

アマゾン（2019年12月期）

ROE	18.7%
財務レバレッジ	3.63
総資本回転率	1.25
当期純利益率	4.1%

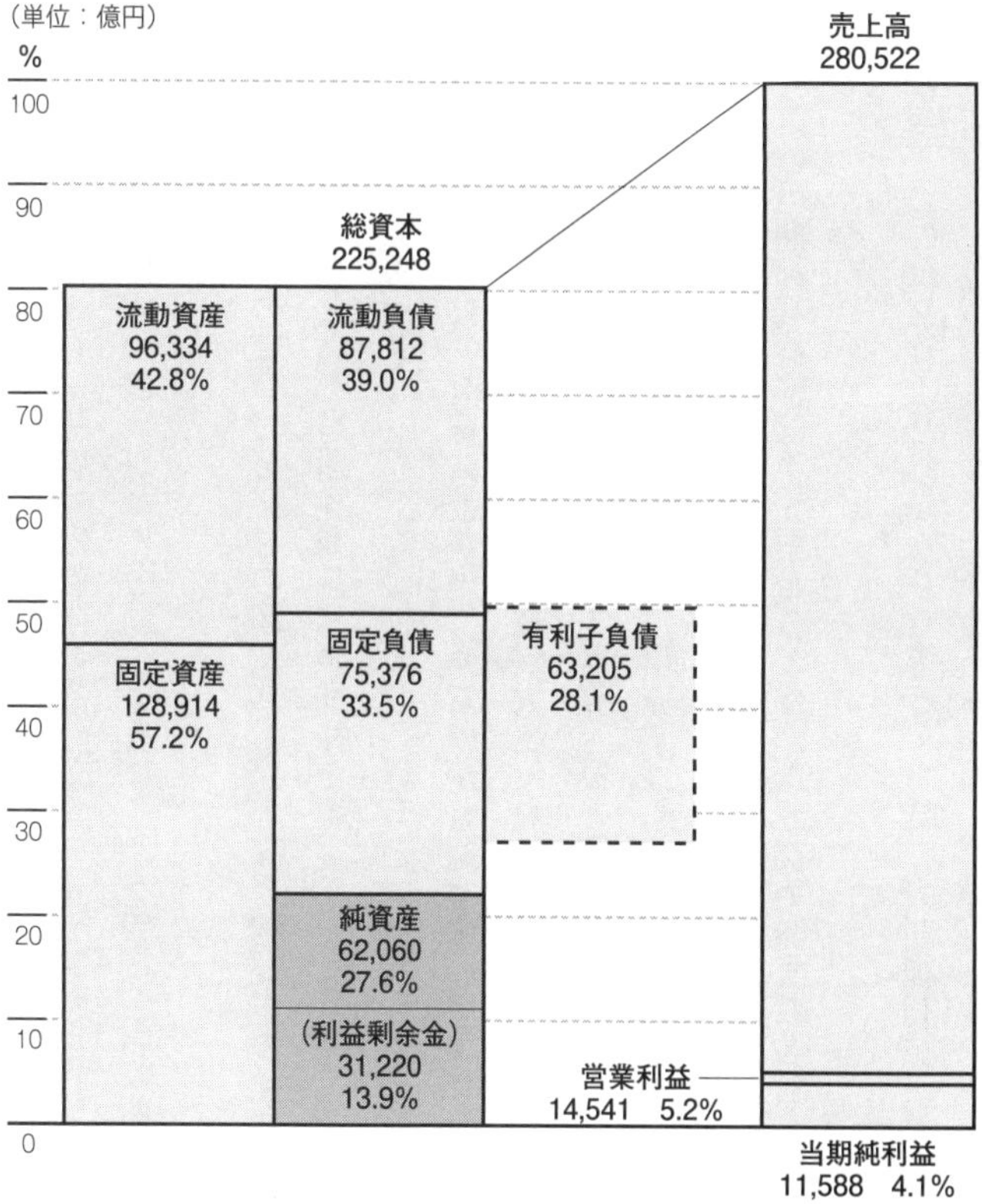

アマゾンは店舗を持っていませんから、総資本回転率の高い効率の良い経営を行っています。イオンの総資本回転率が低いのは、ソニーと同じようにイオン銀行という金融ビジネスを抱えているからです。

アマゾンで注目していただきたいのはPLとBSの図より、売上高と利益率の推移です。図表2－5－12がアマゾンの売上高と当期純利益率の推移です。

まずは売上高の推移に注目してください。売上高が拡大しているといっても、一般的には売上高の棒グラフが右肩上がりに一直線に上がっているのが普通です。アマゾンは一直線どころか年を経るごとに棒グラフの立ち上がり幅が大きくなっています。2019年12月期の売上高は約28兆円です。トヨタやアップルの売上高と同等レベルです。

さらに注目していただきたいのは当期純利益率です。小売業は基本的に薄利多売であり、例えば日本の小売業であるスーパーマーケットの当期純利益率は1～2％程度です。ですから、最近のアマゾンの当期純利益率は小売業としてはかなり高い数字だと言えます。

ただ、注目していただきたいのは2012年から2015年当時の当期純利益率です。

図表 2-5-12　アマゾンの売上高と当期純利益率の推移

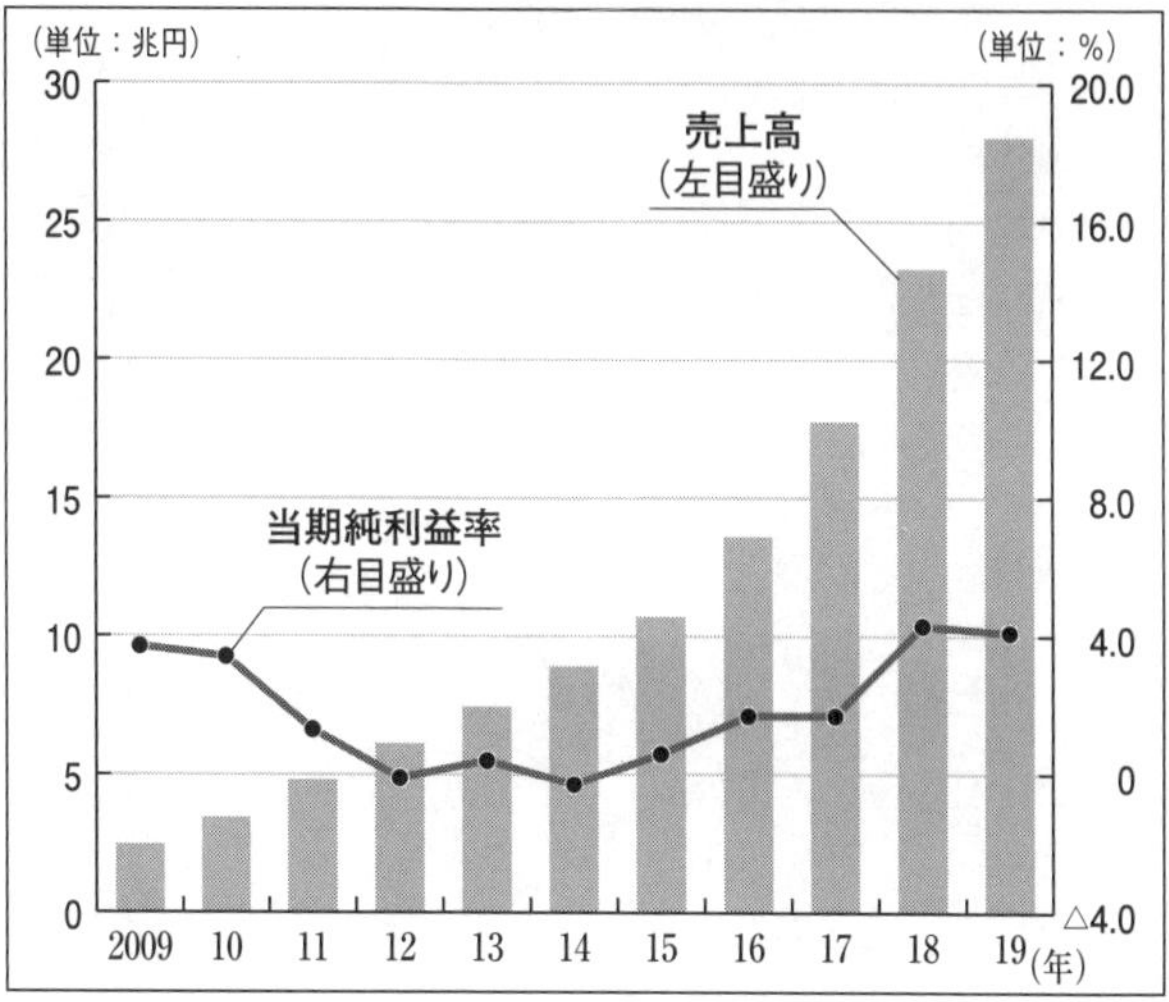

このころは赤字かギリギリの黒字という状況が続いていました。この理由は、アマゾンの経営者が、短期の利益より長期のビジョン達成をより重視しているからなのです。

利益が出ていないだけでなぜそんなことが断言できるのか。それは、アマゾンのCSのパターンが、長期視点で経営している企業、例えば日本のトヨタのCSのパターンによく似ているからです。アマゾンとトヨタのCS分析については後ほど詳しく説明します。

(6) CS分析（CSには会社の状況や経営者の意思が表れる）

これまで説明してきた企業のいくつかのCSをまとめて分析しておきます。図表2－6－1をご覧ください。

まずはキリンです。キリンの古いデータを使って解説したのには訳があります。2007年からCSのパターンが変わりました。35ページの図表1－8で説明したCSのパターン③（＋、－、±）の積極投資型のパターンになっています。98ページで説明したように、M＆A拡大戦略はBSの形にも表れましたし、PLの売上高の急激な上昇にも表れました。そして、CSのパターンにも表れるのです。

NTTドコモは（＋、－、－）のパターンが続いている会社です。過去10年を振り返ってみても、ずっと（＋、－、－）が続いています。図表2－6－1のNTTドコモのCSの右端の「5年計」を見ると、5年間で3兆5814億円の財務キャッシュフローが外に出ていっています。財務キャッシュフローがマイナスということは一般的には借

図表 2-6-1
キリン、NTTドコモ、ソニーのキャッシュフロー推移

キリン

（単位：億円）

	2005年12月期	2006年12月期	2007年12月期	2008年12月期	2009年12月期	5年計
営業CF	1,047	1,237	1,146	1,313	1,899	6,642
投資CF	△ 667	△ 1,532	△ 2,696	△ 1,693	△ 3,217	△ 9,805
財務CF	△ 520	△ 500	1,216	267	1,742	2,205

NTTドコモ

	2016年3月期	2017年3月期	2018年3月期	2019年3月期	2020年3月期	5年計
営業CF	12,091	13,124	14,986	12,160	13,178	65,539
投資CF	△ 3,753	△ 9,431	△ 7,055	△ 2,965	△ 3,548	△ 26,752
財務CF	△ 5,836	△ 4,331	△ 6,908	△ 10,900	△ 7,839	△ 35,814

ソニー

	2016年3月期	2017年3月期	2018年3月期	2019年3月期	2020年3月期	5年計
営業CF	7,464	8,075	12,540	12,587	13,497	54,163
投資CF	△ 10,279	△ 12,550	△ 8,231	△ 13,074	△ 13,523	△ 57,657
財務CF	3,801	4,523	2,465	△ 1,229	657	10,217

金を返済することによって現金が外に出ていく場合です。

114ページで「NTTドコモは無借金に近い状態の会社で、それが長く続いている会社である」ということを覚えていてくださいと申し上げました。ほとんど借金のない会社がなぜ財務キャッシュフローが巨額のマイナスなのでしょうか。これはCSの財務キャッシュフローの中の項目を見ればすぐにわかります。

主に「配当金」と「自己株式

の取得」の2項目だけで、5年間に3兆円を超えるお金が外に出ていっているのです。

NTTドコモは日本の会社です。しかし、経営の方針から言えばかなり株主寄り、株主のメリットになるようなお金の使い方をしているのです。NTTドコモの親会社はNTT、NTTの筆頭株主は日本国政府です。日本国政府がNTTの30%を超える株式を保有していますから、NTTドコモは間接的には日本国民に対してありがたい経営をしてくれていると言えるかもしれません。ただ、平凡な一市民としては、「株主優遇より通話料を安くしてくれればいいのに」と思ったりします。

ソニーは基本的に(+、−、+)の積極投資型のパターンが続いている会社です。2019年のように特異な年も何年かはありますが、過去10年振り返ってみても基本的に(+、−、+)のパターンが続いている会社です。

ただ、最近の投資キャッシュフローを見ると、金融ビジネス関連の投資が増えています。このことはソニーグループの中で金融ビジネスがどんどん大きくなっていることを意味していると言えるでしょう。125ページの図表2-5-6のように、ソニーの営業利益の14%が金融ビジネスによるものです。ソニーグループの中では金融ビジネスが大きな柱に育ってきているのです。

次は主に外国企業のCSの解説です。次のページの図表2－6－2をご覧ください。海外の企業のCSは数字を「百万ドル」で表記していますが、1$＝100円で換算すればそのまま「億円単位」の数字になります。

137ページで「アマゾンのCSのパターンが、長期視点で経営している企業、例えば日本のトヨタのCSのパターンによく似ている」と申し上げました。

まずトヨタのCSから見ていきましょう。右端の「5年計」の数字がわかりやすいと思います。稼ぎ出した営業キャッシュフロー19兆6097億円の約8割にあたる約15兆6606億円を将来の投資に向けているわけです。

トヨタのような装置産業は最新の設備を導入し続けないと競争優位性が失われます。投資キャッシュフロー約15兆円のすべてが設備投資というわけではありませんが、トヨタは今日稼ぎ出した営業キャッシュフローのかなりの額を将来に向けて投資しているわけです。これが、長期ビジョンで経営する日本の伝統的な企業のキャッシュフローのパターンです。

図表 2-6-2
アマゾン、トヨタ、IBM のキャッシュフロー推移

アマゾン*

(単位：百万ドル)

	2015年12月期	2016年12月期	2017年12月期	2018年12月期	2019年12月期	5年計
営業CF	11,920	16,443	18,365	30,723	38,514	115,965
投資CF	△ 6,450	△ 9,876	△ 27,084	△ 12,369	△ 24,281	△ 80,060
財務CF	△ 3,763	△ 2,911	9,928	△ 7,686	△ 10,066	△ 14,498

トヨタ

(単位：億円)

	2016年3月期	2017年3月期	2018年3月期	2019年3月期	2020年3月期	5年計
営業CF	44,609	35,685	42,231	37,666	35,906	196,097
投資CF	△ 31,825	△ 29,699	△ 36,601	△ 26,972	△ 31,509	△ 156,606
財務CF	△ 4,236	△ 3,752	△ 4,491	△ 5,408	3,971	△ 13,916

IBM

(単位：百万ドル)

	2014年12月期	2015年12月期	2016年12月期	2017年12月期	2018年12月期	5年計
営業CF	16,868	17,008	16,958	16,724	15,247	82,805
投資CF	△ 3,001	△ 8,159	△ 10,976	△ 7,096	△ 4,913	△ 34,145
財務CF	△ 15,452	△ 9,166	△ 5,791	△ 6,418	△ 10,469	△ 47,296

*アマゾンのCSデータは何度も過年度修正が行われています。本書では、2019年12月期のアニュアルレポートから3期分、2016年12月期のアニュアルレポートから2期分の数字を採用しています。ただ、修正額はさほど大きくありませんので、どの数字を採用してもCSの傾向に大きな影響はありません。

そのような将来への投資はどの会社でもやっていることと思われるかもしれません。しかし、トヨタのキャッシュフローのパターンとはかなり異なるIBMのようなキャッシュフローのパターンが、欧米流の株主資本主義の国の優良企業のCSです。

IBMも右端の「5年計」のところを見てください。稼ぎ出した営業キ

ャッシュフロー8兆2805億円の約6割の約4兆7296億円を財務キャッシュフローに費やしています。この財務キャッシュフローもNTTドコモと同じ、主に配当金と自己株式の取得です。これが欧米流の優良企業のCSのパターンです。まさにキャッシュフローのパターンにも株主資本主義が如実に表れているのです。

アマゾンは欧米の企業です。しかし、キャッシュフローのパターンはトヨタとIBMのどちらによく似ているでしょうか。間違いなくトヨタです。これが137ページで述べた「短期の利益より長期のビジョン達成をより重視している」ということなのです。

アマゾンのマネジャークラスの人が私の会計研修をよく受講されます。彼らにアマゾンの成功の秘訣を聞くと「我々マネジャーは企画を出すことを要求されます。そしてその企画は『お客様の役に立つのか』『何が新しいのか』の2つだけで評価されます」と言われます。

私が初めて自分の本を出版した2007年当時、アマゾンの日本国内の書籍販売額は当時の日本の中堅の書店くらいでしかありませんでした。それがいまや紀伊國屋書店全店の売上を抜き、日本最大の書店になりました。

書店以外でもいろんな業界の会社がアマゾンを恐れています。もちろん、日本の大手小売業はアマゾンを恐れています。大手物流企業もアマゾンが独自の物流網を構築してくるのを恐れています。大手IT企業もアマゾンを恐れています。なぜなら、世界で一番大きな規模のクラウドのシステムを保有しているのがアマゾンだからです。

短期の利益に頓着することなく長期ビジョンで経営を行い、「お客様の役に立つのか」「何が新しいのか」だけで評価される企画が社内でどんどん出てくる。しばらくの間アマゾンの躍進が止まることはなさそうに思えます。

クラウドの話が出てきたので、IBMのキャッシュフローに関して1点付け加えておきたいと思います。前のページの図表2－6－2のIBMのCSだけが2018年12月期で終わっています。もちろん、本書の原稿を執筆した2020年にはすでにIBMの2019年12月期の決算書は発表されていました。

IBMの2019年12月期のCSのデータを記載しなかったのは、実はIBMは2019年に3兆円を超える投資をしたからです。これはクラウド向けのソフトウェアなどを手がけるレッドハットの買収です。この数字が5年計に加わってしまうと、これまでのＩＢＭの株主優遇のキャッシュフローのパターンがわかりづらくなるので、あえて２０１８年12月期までのデータにとどめたのです。

すでに述べたように、ＩＢＭは〝ThinkPad〟の名前で知られていたコンピューター事業を売却し、プロダクトからソリューションへ大きく経営の舵を切りました。そしていままた、クラウドの分野へ社運をかけた大転換をしようとしているのです。まさにＣＳには会社の大きな方針が表れるのです。

ＣＳには会社の状況や経営者の意思が表れます。ＣＳ分析はＣＳの営業・投資・財務の欄のプラスとマイナスの組み合わせのパターンをチェックすればよいと言いました。しかし、第１章で触れたように、投資キャッシュフローと財務キャッシュフローだけはもう少し詳しくチェックしておく必要があります。

それは、投資キャッシュフローが設備投資などの将来に向けての投資なのか、それとも有価証券の取得による投資なのかということです。さらに、財務キャッシュフローは借金の返済によるものなのか、それとも配当金の支払いや自己株式の取得によるものなのかということです。

ただ、詳しくチェックすべきところはそれくらいです。ＣＳは誠に重宝な財務データです。

第1章でも少し触れましたが、近年ＣＳの重要性が高まってきている気がします。アメリカの子会社の社長になってアメリカに赴任したものの、財務諸表が読めないと社長など務まらないと言って、帰国時に私の会計研修を受講される方が少なくありません。その方々が口をそろえておっしゃるのは、最近アメリカの銀行が企業に提出を求めてくるのはまずＣＳだということです。

これにはさまざまな理由があるのでしょう。ただ、その理由のひとつは、ＣＳは粉飾しにくいということだと思います。ＰＬの当期純利益というのは、ある事業年度の業績を評価するための数字がただ単にプラスになっているかマイナスになっているかということだけです。「ただ単に」と申し上げたのは、現金実体のない、業績を評価するための単なる数字が、プラスかマイナスかということだけなのです。

ＰＬの利益というのは、その事業年度の利益を計算するためにいろんな前提や認識にもとづいて計算していきます。しかし、それは少し操作しようと思えばすぐに粉飾につながっていきます。ただ、ＣＳはそこに記載されている現金残高が、金庫または金融機関に預けている現金と一致しなければどこか間違っているのです。

企業は、赤字になったからといってただちに倒産するわけではありません。パトロンのような人がいて、現金をつぎ込んでくれさえすれば企業は倒産しません。しかし、黒字が続いていても明日支払う現金が準備できなくなる、つまり誰もお金を貸してくれない、資本も入れてくれないという状況になれば会社はそれで終わりです。日本では不渡り[*7]を2回出せば金融機関取引停止状態になります。会社はそれで限りなく終わりに近づくのです。

日米欧共に、財務諸表の掲載順はＢＳ→ＰＬ→ＣＳの順番です。しかし、アマゾンの財務諸表を見ると、まずＣＳから掲載されています。このあたりも近年ＣＳの重要性が高まっているということの証ではないかと思われます。

利益はもちろん大切です。しかし、本当にものを言うのはキャッシュ、現金なのです。

＊7　不渡りとは、手形や小切手が支払い期日までに決済できないことを言います。

(7) 日本の企業と海外の企業との大きな差

私は子供のころ、日本の製造業が国内の工場を閉鎖して海外に移転するというニュースを聞くたびに、「日本の従業員を捨てて、海外で事業をして何の意味があるのだろう」と思っていました。しかし、事業経営という観点から言えば、グローバルに事業展開しなければ、企業を存続させることはできず、ひいては雇用を守ることさえできなくなってしまうのです。

地球はひとつの大きな市場になりました。国内のことばかり考えていては、生きていけない時代になっています。例えば、マツダは国内の生産比率が高く、円高の時代はいくらたくさん自動車を作っても、輸出では利益があげられませんでした。マツダにとっては、海外生産比率を高めることが、経営のひとつの重要課題でした。マツダがトヨタと合弁で作っているアメリカの自動車生産工場は2021年に稼働予定です。このように、現代は常に世界を視野にビジネスを考えなければならない時代なのです。

また逆に言えば、現代はだれもが世界を視野にビジネスができる時代になったとも言えます。アメリカにGARMINというGPSの分野に強みを持つ企業があります。私がこの会社の名前を最初に聞いたのは、顧問先の自動車関連の会社でした。次にこの会社の名前を聞いたのはゴルフ場でした。この会社は自動車向けのナビも作れば、ゴルファー向けの腕時計型のゴルフナビも作っていました。興味を持ってこの会社を調べてみたら、この会社はGPS分野での強みを武器に、航空・海洋・自動車・アウトドア・フィットネスなどの分野に事業展開していたのです。

このGARMINという会社の事例が意味することは、ひとつの卓越した強みを持てば、世界中でそれを必要とするさまざまな分野の人たちに商品やサービスを提供できるような時代になったということです。まさに、世界はひとつの市場になっているのです。

そのような観点から、日本の企業と海外の企業の規模の大きさを比較しておきます。必ずしも規模が大きいことが素晴らしいわけではありません。ただ、生産効率の面でも、研究開発投資の面でも、広告宣伝の面でも、規模の大きさがもたらすメリットはたくさんあります。

例えば、新型コロナウイルスの蔓延で、私たち多くの一般人も新薬開発には莫大な資金が必要になることを知りました。世界規模の急激な感染症の蔓延といった状況における新薬開発には、やはり企業規模がものを言います。現在の日本のトップ企業と世界のトップ企業の規模の差を感じてください。

図表2－7－1は2015年から2016年当時の武田薬品工業株式会社（以下「武田薬品」）とNovartis AG（以下「ノバルティス」）の比較です。ノバルティスはスイスの製薬会社ですが、日本でも事業展開しているので名前は聞いたことがある方も多いでしょう。

この図表2－7－1は2016年に出版した旧版『財務3表図解分析法』にも掲載した図です。当時のノバルティスは売上高で世界一の医薬品メーカーでした。しかし、その後スイスのRoche（ロッシュ）やアメリカのPfizer（ファイザー）といった製薬会社に抜かれ、いまは世界第3位になっています。ただ、製薬業界はがん治療薬などの大きな売上につながるヒット商品が出るか出ないかで売上高がかなり変動します。世界には年間売上高4兆円を超える製薬会社がたくさんあります。ノバルティスは現在でも世界有

図表 2-7-1

武田薬品とノバルティスの 2016 年ごろの PL と BS

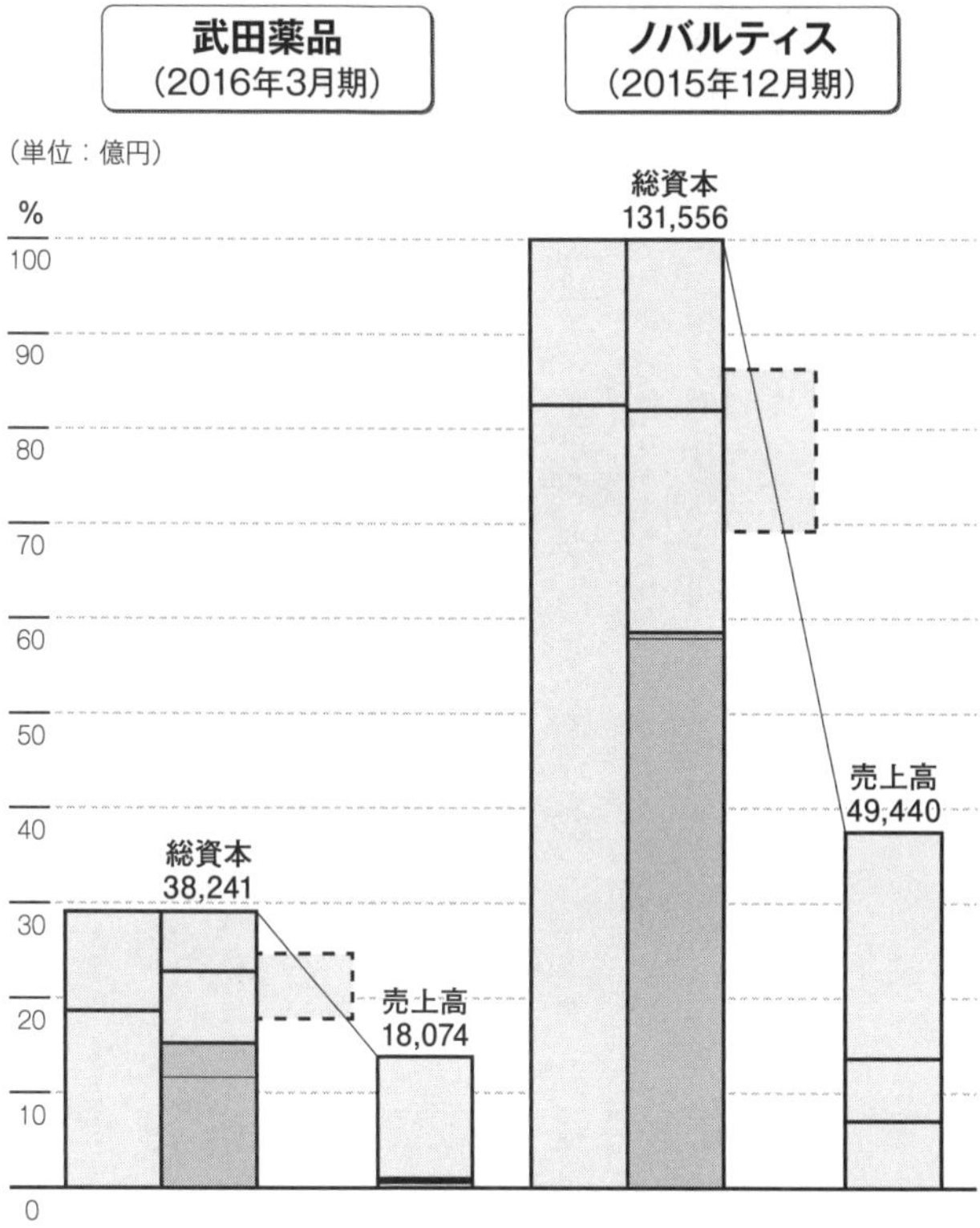

数の製薬会社と言っていいでしょう。

最近の武田薬品とノバルティスを比較したのが図表2－7－2です。武田薬品は2016年当時も大きなM&Aを重ねていました。2016年に出版した旧版『財務3表図解分析法』には次のように書きました。「武田薬品の2009年3月期のPLとBSを作図したことがありますが、そのころはほとんど無借金の会社でした。この何年か、武田薬品はM&Aに莫大な資金を投じてきました。その結果、BSは当時と比べてかなり大きくなっていますが、借金も増えています。ただ、M&Aを重ねてきた現在でも、世界トップのノバルティスとは大きな差があります」

その後、武田薬品はアイルランドの製薬大手であるシャイアーを6兆円を超える金額で買収し、世界トップクラスの製薬会社と肩を並べる規模になったのです。

日本の製薬会社トップの武田薬品はM&Aによって世界の製薬会社のトップレベルに近づきましたが、他の産業を見れば日本の業界トップといえども世界の業界トップにかなり水をあけられている例が少なくありません。

図表 2-7-2

武田薬品とノバルティスの 2020 年ごろの PL と BS

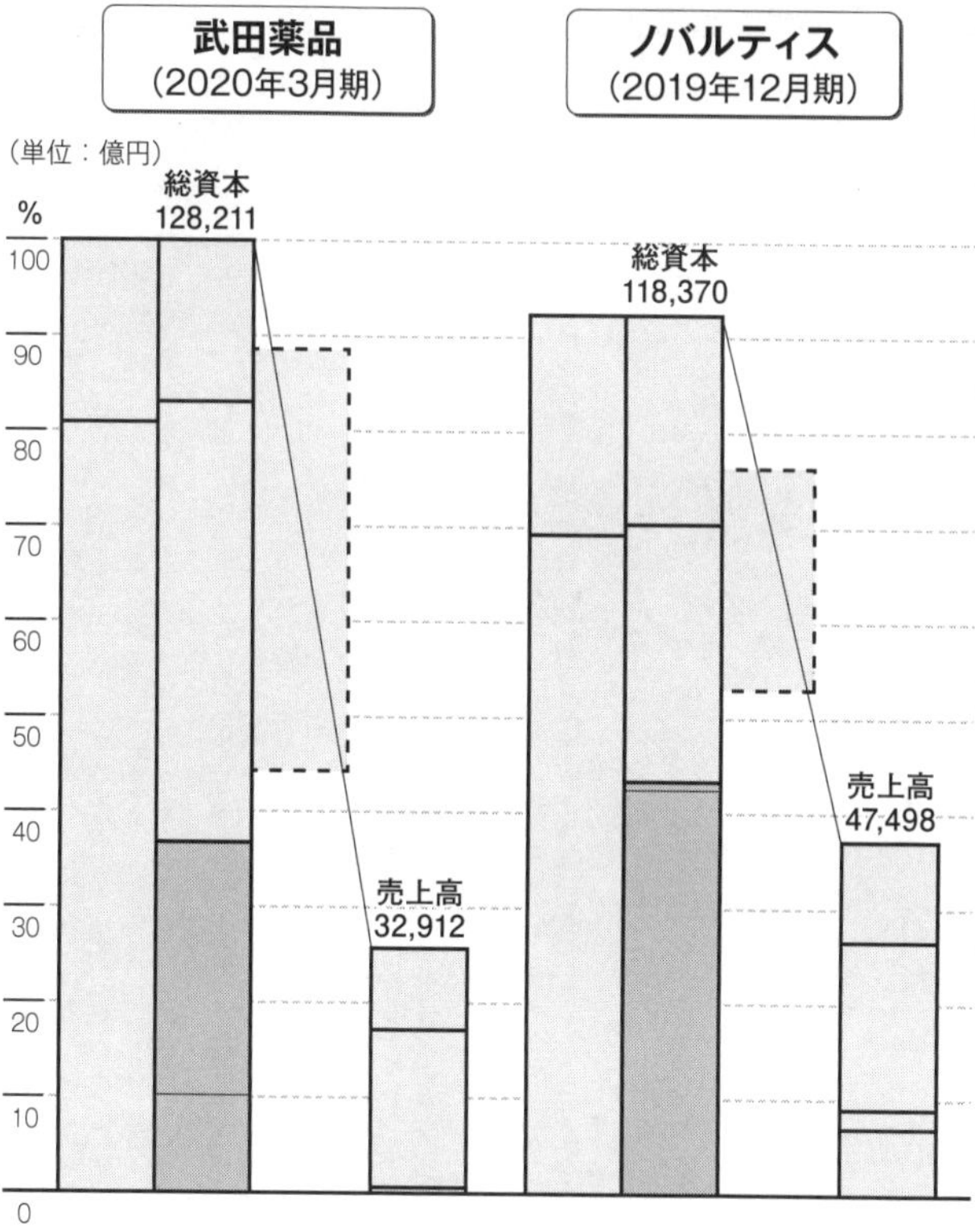

図表2－7－3は飲料大手のアサヒとAnheuser-Busch InBev SA/NV（以下「アンハイザー・ブッシュ・インベブ」）の比較です。日本の飲料最大手といえば、読者のみなさんはキリンだと思っておられたかもしれません。しかし、102・103ページの図表2－4－6が示すように、アサヒはキリンの売上高を抜き、総資本でもキリンより大きな会社になっています。

104ページで、アサヒは最近M&Aで急拡大していると言いましたが、世界を見渡せば、飲料業界にはアンハイザー・ブッシュ・インベブという巨大企業があります。この会社は、ベルギーのインベブという会社が、ビールの「バドワイザー」で有名なアメリカのアンハイザー・ブッシュという飲料メーカーを買収してできた会社です。

現時点でのアンハイザー・ブッシュ・インベブは、売上高ではアサヒの約2・5倍、総資本でいえば7倍以上の規模の会社です。

実は、2016年に出版した旧版『財務3表図解分析法』でもアンハイザー・ブッシュ・インベブを取り上げました。そのときのアンハイザー・ブッシュ・インベブと現在の比較もしておきましょう。次のページの図表2－7－4です。

図表 2-7-3　アサヒとアンハイザー・ブッシュ・インベブの 2019 年の PL と BS

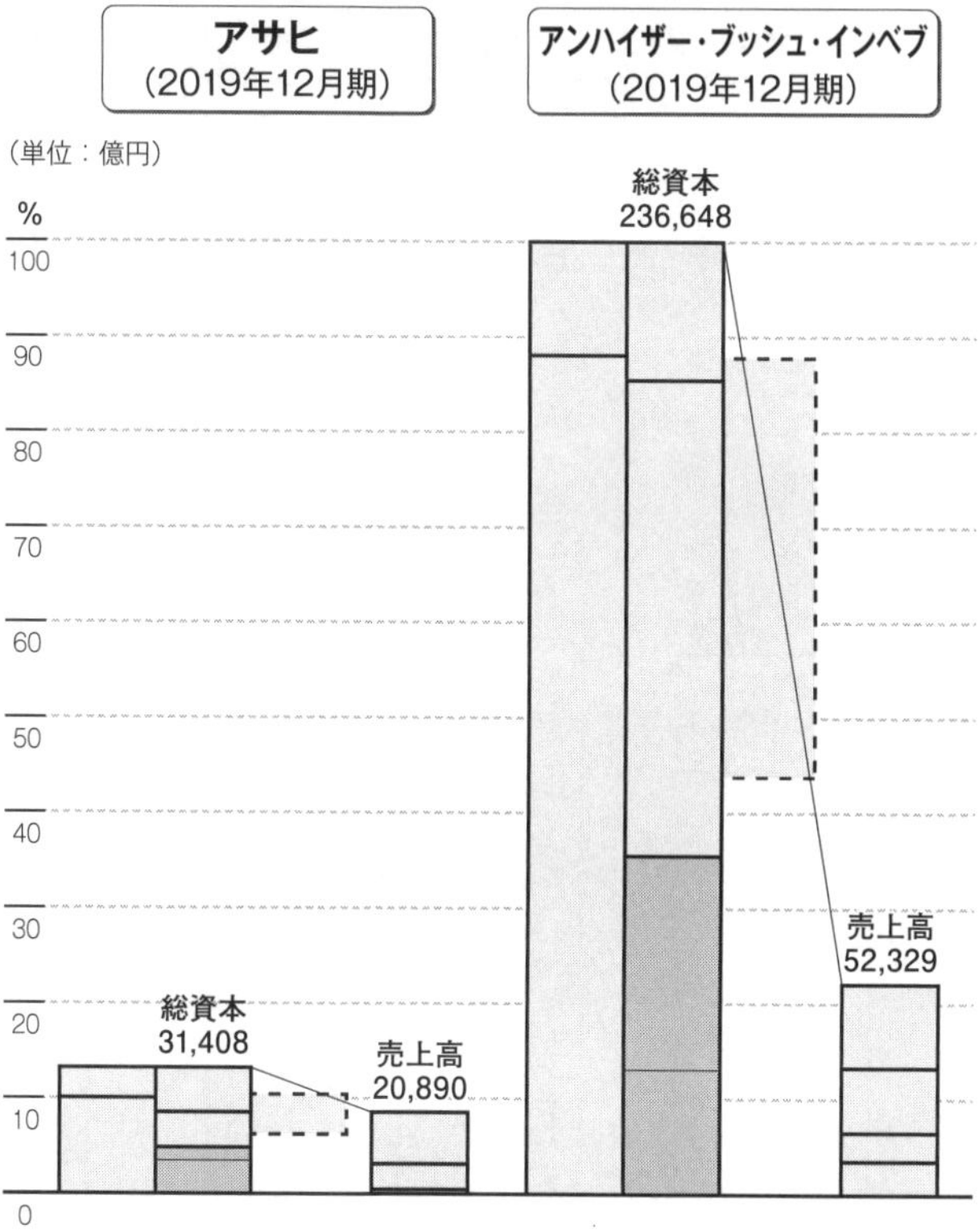

図表 2-7-4　アンハイザー・ブッシュ・インベブの
2015 年と 2019 年の PL と BS

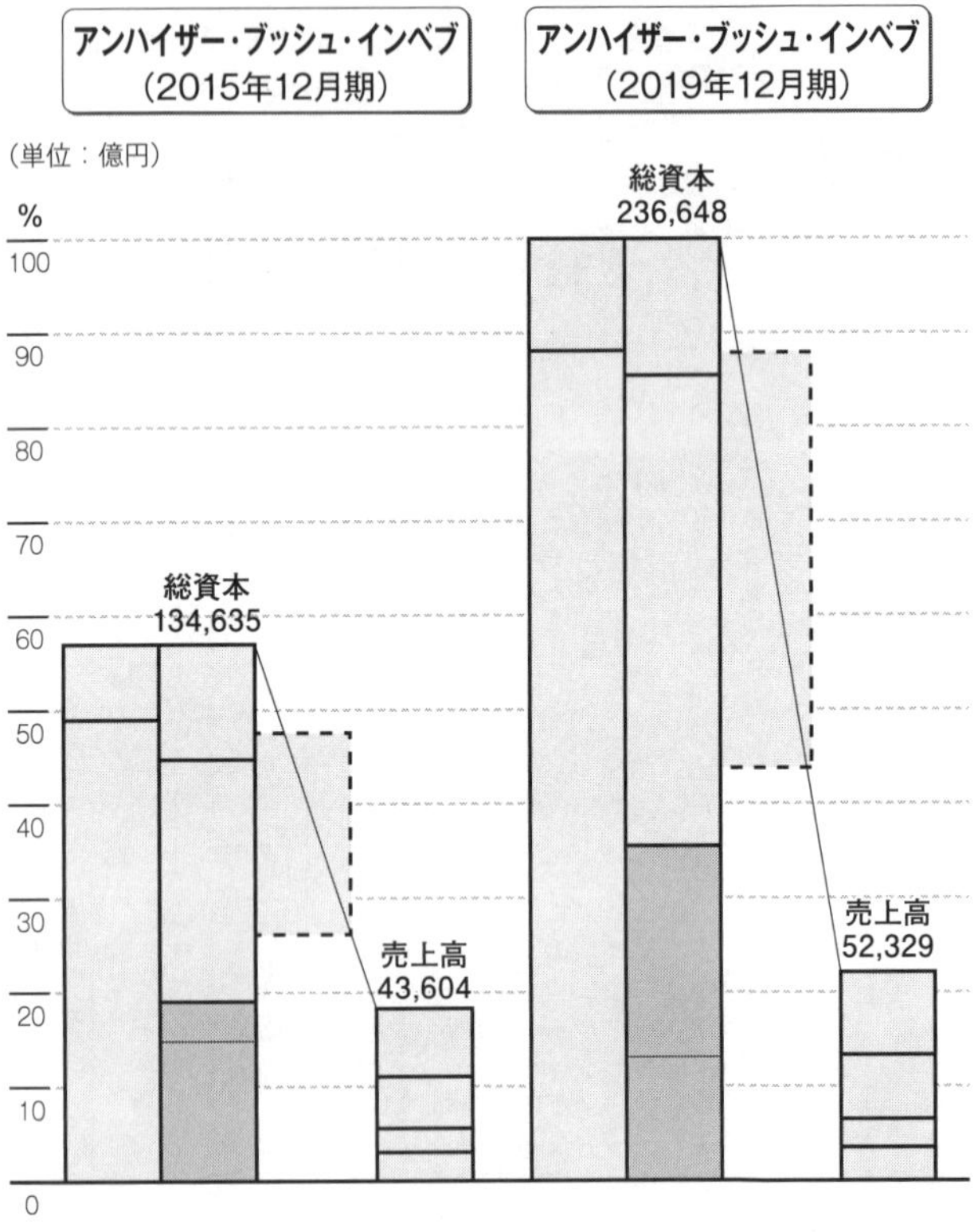

たった4年で総資本は急拡大しています。これはその後、アンハイザー・ブッシュ・インベブが世界2位のSABミラーを買収したからです。世界の大手企業の動きはこういった感じなのです。

次のページの図表2－7－5は花王株式会社（以下「花王」）とTHE PROCTER & GAMBLE COMPANY（以下「P&G」）の比較です。2社共にトイレタリーの業界で、日本でもなじみの深い会社です。ただ、規模的にはこれほどの違いがあります。

ちなみに、P&GのBSが下に突き抜けている感じになっているのは、巨額の自己株式の取得を行っているからです。利益剰余金とほぼ同額の約10兆円の自己株式を取得しています。128・129ページの図表2－5－7で示したIBMと同じような感じです。

これまで説明してきた、武田薬品、ノバルティス、アサヒ、アンハイザー・ブッシュ・インベブ、P&Gの5社は、固定資産が極端に多いのが特徴です。この5社の固定資産が多いのには共通した理由があります。それは「のれん」（Goodwill）が極端に多いことです。

図表 2-7-5　花王とP&Gの2020年ごろのPLとBS

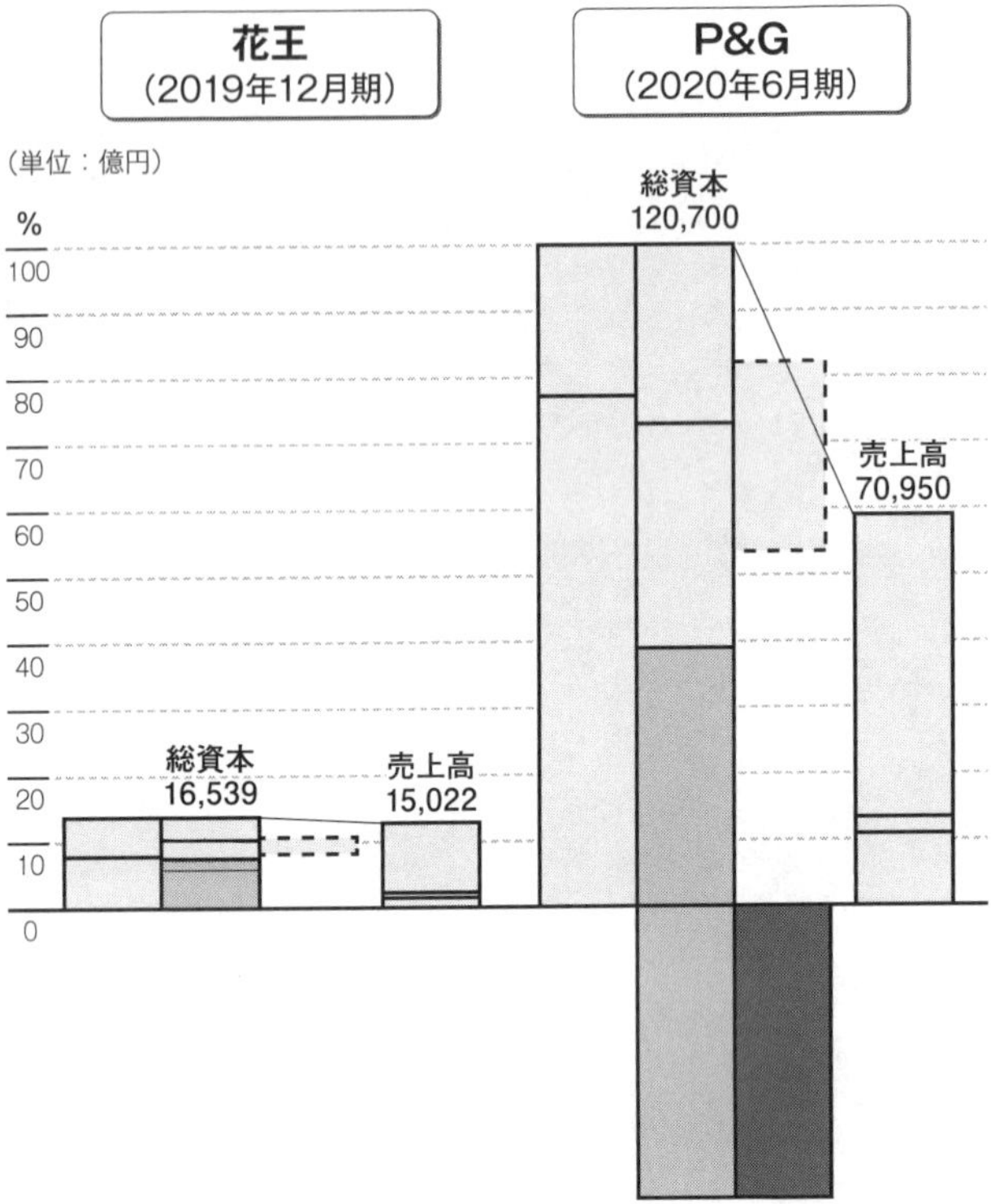

「のれん」については『新版 財務3表一体理解法 発展編』で詳しく説明しているのですが、「のれん」は現代の国内外の大企業の財務分析において重要なキーワードになりますので、概略図を使って「のれん」の仕組みを簡単に説明しておきます。

この「のれん」は昔「営業権」と呼ばれていたもので、M&Aなどによって出てくるものです。例えば、A社がB社を吸収合併する場合に、B社が優良な技術を持っていてB社の戦略上の価値が著しく高いため、B社の純資産の時価より高い値段で買収するといったことがよく起こります。

ここでは仮に、B社の資本金の額の2倍の価値、つまり40万円でB社を吸収合併することになったとしましょう。次のページの図表2-7-6をご覧ください。B社の純資産（資産30万円、負債10万円の差額）の時価は簿価と同じ20万円であると仮定します。

資産の現金と負債はA社とB社のものをそのまま足し合わせるだけです。吸収合併後のA社の資産は現金が１１０万円（＝80万円＋30万円）、負債は40万円（＝30万円＋10万円）になります。

B社はA社に吸収されてなくなります。元B社の株主はB社の20万円の価値の株式を

図表 2-7-6 「のれん」が発生する吸収合併の処理

（単位：万円）

A社

資産	負債
現金　80	30
	純資産
	資本金　50

B社

資産	負債
現金　30	10
	純資産
	資本金　20

吸収合併後のA社

資産	負債
現金　110 （80＋30）	40 （30＋10）
	純資産
のれん　20	資本金　90 （50＋40）

旧B社の株主に対して、吸収合併後のA社の40万円分の新株が発行され交付された場合

持っていましたが、それを2倍の40万円で買収するということですから、元B社の株主には吸収合併後のA社の40万円分の株式を発行して交付します。するとA社の資本金は90万円（＝50万円＋40万円）になります。

A社の現金は110万円で、A社の負債と資本金を足すと130万円（＝負債40万円＋資本金90万円）になります。このままではBSの左右の合計が一致しま

せん。このような取引が行われたときに、BSの左側の無形固定資産のところに、「のれん」として20万円が計上されるのです。

実は、この「のれん」の処理方法が日本の会計基準と国際会計基準では大きく異なるのです。日本の会計基準では減価償却と同じように規則的な償却を行いますが、国際会計基準では規則的な償却を行わないので償却費用が発生しません。なので、M&Aを積極的に行っている会社などでは、M&Aによって短期の利益を悪化させないために国際会計基準に移行している会社が少なくありません。

ちなみに、112・113ページの図表2－4－9の2020年3月期のソフトバンクのBSの固定資産の中身を見てみると、約4兆円の「のれん」が計上されています。「のれん」が約4兆円も計上されているということは、価値の高い会社をたくさん買収しているということです。そして、もちろんソフトバンクは国際会計基準を採用しています。

武田薬品、ノバルティス、アサヒ、アンハイザー・ブッシュ・インベブ、P&Gの5社のBSやソフトバンクのBSを見れば、これらの会社がM&Aによって大きくなってきたことがわかるのです。

「のれん」の話が少し長かったかもしれませんね。話を戻しましょう。図表2－7－7は、小売業として日本最大の売上高を誇るイオンとアメリカの大手小売業 Walmart Inc.（以下「ウォルマート」）の比較です。

ウォルマートはアメリカ最大の小売業です。日本でも西友と提携し、その後西友を子会社化しましたので、名前は聞いたことがある人も多いと思います。

ウォルマートはアメリカ最大の小売業というだけでなく、世界一の売上高を誇る企業です。石油メジャーや自動車会社や巨大ＩＴ企業を抑えて、現存するおびただしい数の企業の中で、世界一の売上高を誇るのが小売業のウォルマートなのです。その売上高は50兆円を超えています。日本の国家予算の約半分です。

ウォルマートが出てきたところで、世界の巨大企業の売上高のイメージを頭に入れておくといいでしょう。世界一の売上高はウォルマートの約50兆円、アマゾンが約28兆円、アップルが約26兆円、ソニー・ＩＢＭといったところが約8兆円といった規模感です。ちなみに、日本一は約30兆円の売上高を誇るトヨタです。

図表 2-7-7　**イオンとウォルマートの 2020 年の PL と BS**

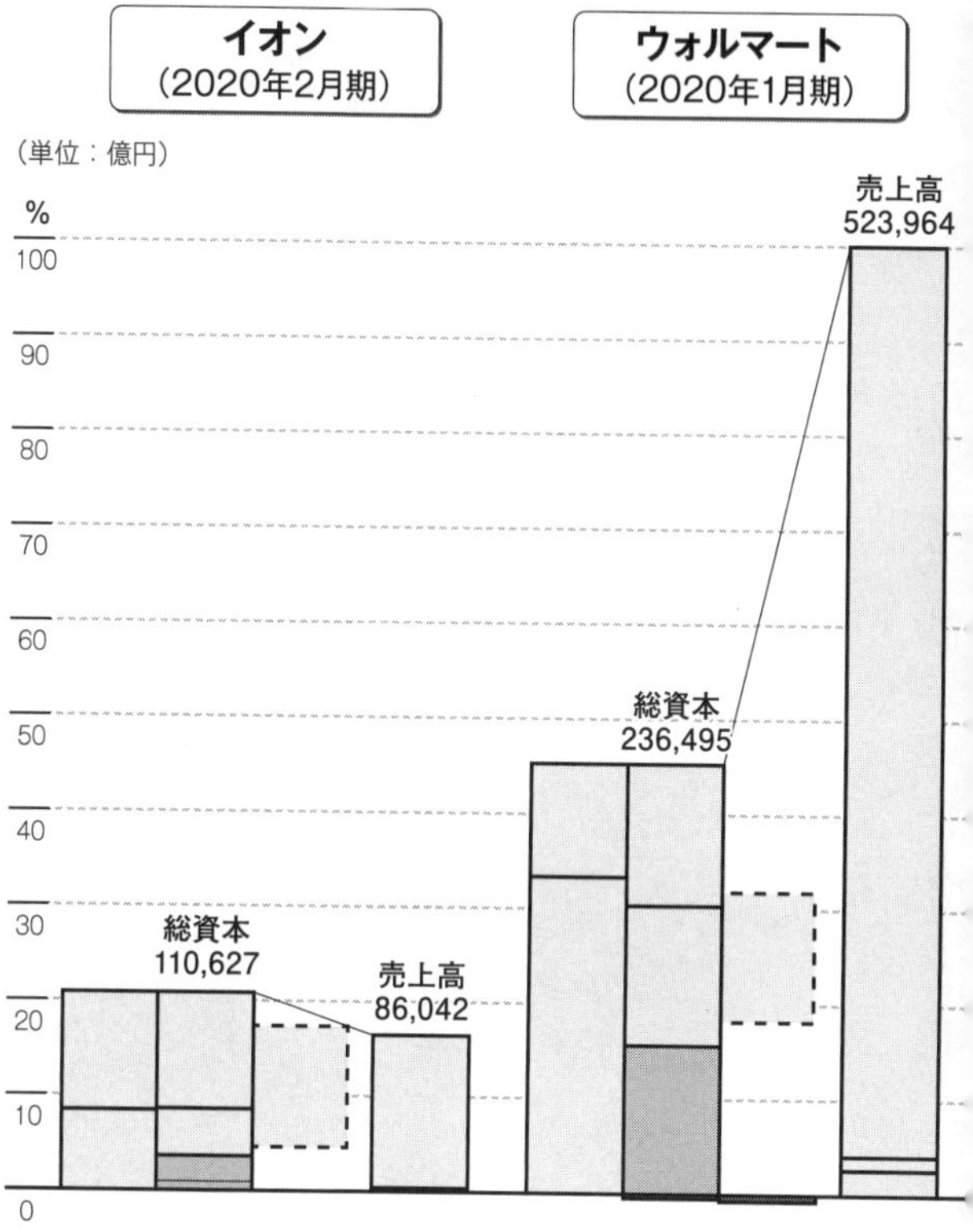

この第2章（7）では、日本の企業と海外の企業の規模の違いばかり強調した形になってしまいましたが、読者のみなさんに最もお伝えしたかったのは、いまや世界はひとつの市場になったということです。

21世紀に入り、インターネットがさまざまな分野に大きな影響を及ぼすようになりました。世界がひとつの市場になったのも、インターネットが大きな要因だと言えます。そのようなインターネットで世界がつながっている時代においては、必ずしも規模を追う必要はないかもしれません。ただ、世界をひとつの市場として見れば、ビジネスを大きく発展させられる可能性があることだけは間違いありません。

(8) GAFA(グーグル・アマゾン・フェイスブック・アップル)の財務諸表

平成という30年間は、日本の企業が競争力を落とし続けた時代でした。いまから約30年前の平成元年の世界の企業の時価総額(=発行済株式数×株価)ランキングのトップ50の中には、日本企業が32社入っていました。しかし、平成30年にはトヨタ自動車1社しか入っていません。平成30年の世界の企業の時価総額ランキングのトップ5は、アップル、アマゾン、グーグル、マイクロソフト、フェイスブックです。

日本は、工場や設備といった資本が価値を生む資本主義社会で大きな成功を収めました。しかし、現代は人間の知恵が価値を生む知識社会です。日本は、資本主義社会での成功が大き過ぎたせいなのか、産業界全体として知識社会への変化に乗り遅れてしまいました。平成の30年間がそれを如実に物語っています。

また、前述したインターネットは、世界をひとつの市場にしただけではありませんでした。インターネットはマーケティングの手法を抜本的に変えました。

コンピューターがビジネスの生産性を上げたことは間違いありません。しかし、コンピューターは組織内部の情報を収集し活用することによって生産性を上げただけで、組織外部の情報に関しては無力でした。この組織外部の情報がインターネットによって手に入るようになったのです。組織外部の膨大なデジタルデータを入手し、それを瞬時に解析しマーケティングに活かせる時代になったのです。

この大きな時代の変化の中で、組織外部の膨大なデジタルデータを有効に活用しているのもまた、アマゾン・グーグル・フェイスブックなどの巨大ＩＴ企業です。

図解分析の最後に、ＧＡＦＡと呼ばれるグーグル（会社名はAlphabet Inc.）・アマゾン・フェイスブック（会社名はFacebook, Inc.）・アップルのＰＬとＢＳを図解しておきたいと思います。次のページの図表２－８－１はＧＡＦＡの２０１９年のＰＬとＢＳを同じ縮尺で売上高の多い順に左から並べたものです。

アマゾンはネット流通の会社、アップルはスマホやコンピューターを販売する会社、グーグルはインターネットの検索エンジンを核にした会社、フェイスブックはＳＮＳの会社と、この４社は業態もビジネスモデルも異なりますから、４社を並べてみてもあまり大きな意味はないかもしれません。ただ、規模感は一目でわかります。

売上高のトップはアマゾンの約28兆円で、以下アップル、グーグル、フェイスブックと続きます。総資本の額で言えばアップルが最も大きい会社です。

図表2－8－1を見て気になるのはアップルの有利子負債の多さです。これは借金をしてまでも自己株式を取得しているからです。アップルの自己株式の取得の目的は、132ページで説明したように、ROEの向上と株価アップのためでしょう。

アップルはこの2年間だけでも約14兆円の自己株式の取得をしています。この2年間のアップルの自己資本の動きをザックリ言えば次のような感じです。

最近のアップルは毎年5兆円規模の当期純利益を出し続けています。つまり、この当期純利益によってこの2年間だけでも自己資本を約10兆円押し上げています。しかし、この2年間で約14兆円の自己株式を取得していますから、アップルの自己資本はこの2年間で約13兆円から約9兆円へと約4兆円も減っているのです。

ただ、122ページで、アップルは「現金に近い資産を約20兆円保有している」と言いました。読者のみなさんは「そんなに現金を持っているなら借金をする必要などない

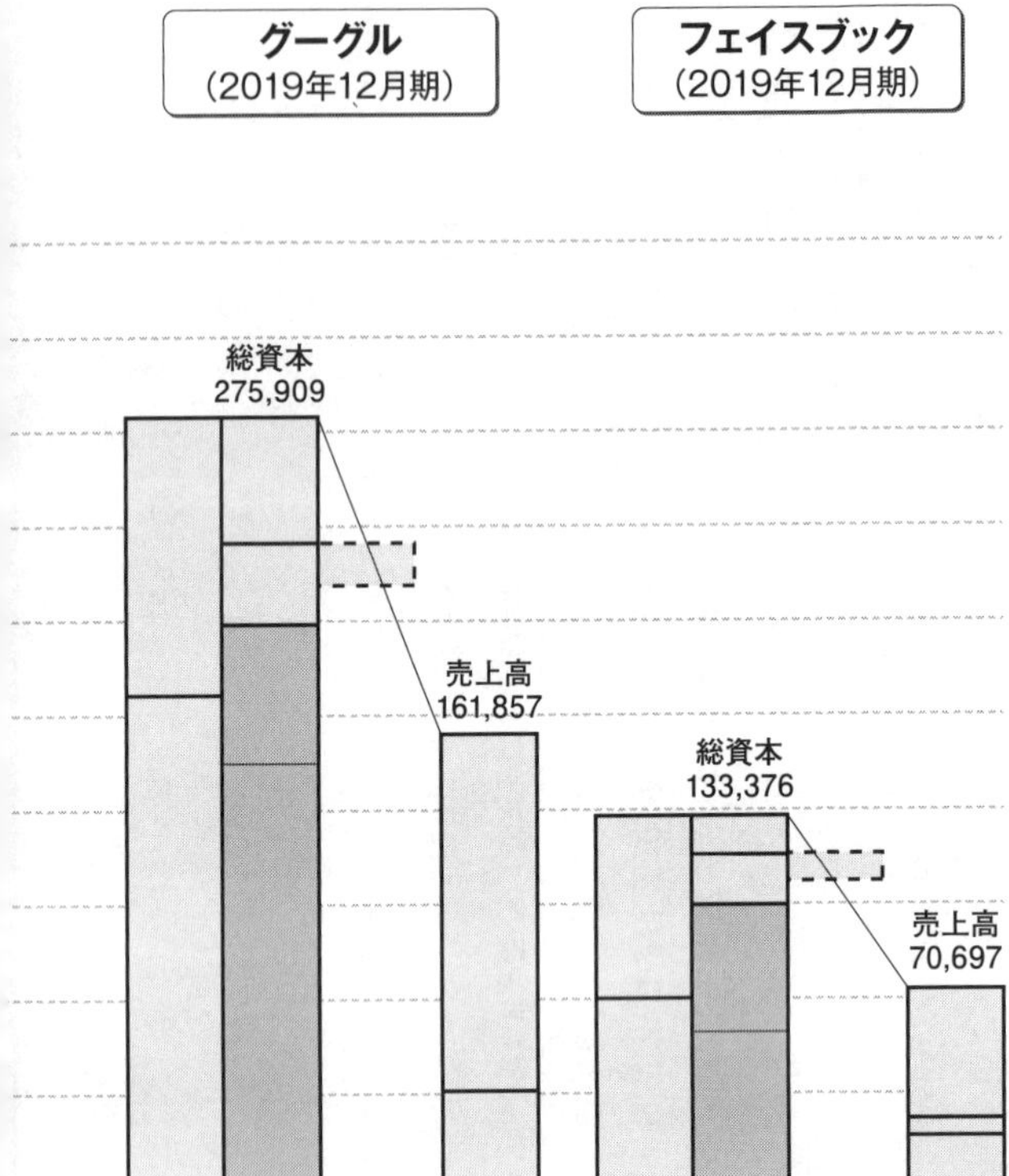
グーグル
（2019年12月期）
フェイスブック
（2019年12月期）
総資本
275,909
売上高
161,857
総資本
133,376
売上高
70,697

図表 2-8-1　GAFA の 2019 年の PL と BS

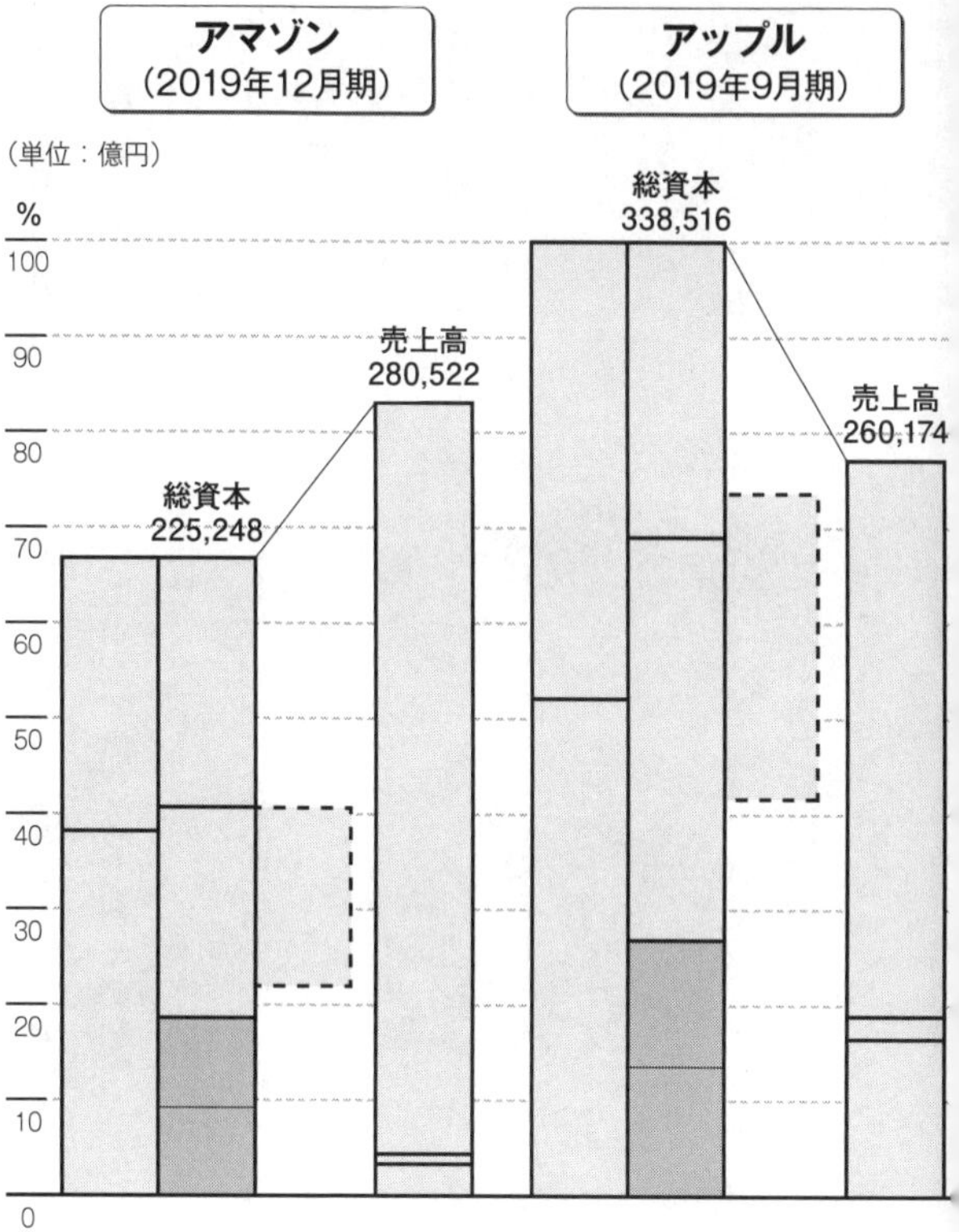

のではないか」と思われるかもしれません。

アップルの現金に近い資産約20兆円は国債や社債です。低金利時代の現代は、アップルほどの超優良大企業ならかなりの低金利で借金もできるでしょうから、恐らく借金の利率より、それら国債や社債の利回りの方が高いのでしょう。

アマゾンも借金が多いですが、これは自己株式の取得のためではありません。アマゾンのCSを見れば自己株式の取得を行っていないことがわかります。純粋に将来の投資のための借金だと思われます。

次は各社の成長性を見ておきましょう。次のページの図表2－8－2は各社の5年前のPLとBSです。この図は前のページの図表2－8－1と同じ縮尺で作図しています。5年前の規模がそもそも比較的小さかったとはいえ、アマゾンとフェイスブックの成長が著しいですね。

アップルのBSの利益剰余金を図表2－8－1と図表2－8－2で比較してみてください。図表2－8－1と図表2－8－2は同じ縮尺で作図してますから、図の大きさで金額の多寡を直接比較できます。167ページで説明したように自己資本が減って有利子負債が増えていることがわかります。

図表2－8－1と図表2－8－2で過去5年間のGAFAの成長性を見ましたが、GAFAの凄さは最近10年ほどの売上高の推移を見た方がよくわかります。まさに、174ページの図表2－8－3がGAFAの凄さを端的に物語っています。

特にアマゾン・グーグル・フェイスブックの3社は、最近の5年間に売上高が急増しています。その中でもアマゾンの立ち上がり方は驚異的です。いずれ世界一の売上高を誇るウォルマートを抜くときが来るのかもしれません。時代が大きく変化していることを感じます。

アップルもiPhoneの成功で飛躍的に成長した会社です。116・117ページの図表2－5－1のように、2010年ごろのアップルの売上高はソニーと同じくらいでした。それがその後飛躍的な成長を遂げているのです。今後のアップルがどうなるかは、123ページでも触れたようにiPhoneの次にどのような商品・サービスが出てくるかにかかっています。

GAFAのような売上規模でGAFAのように急成長している会社は日本には存在し

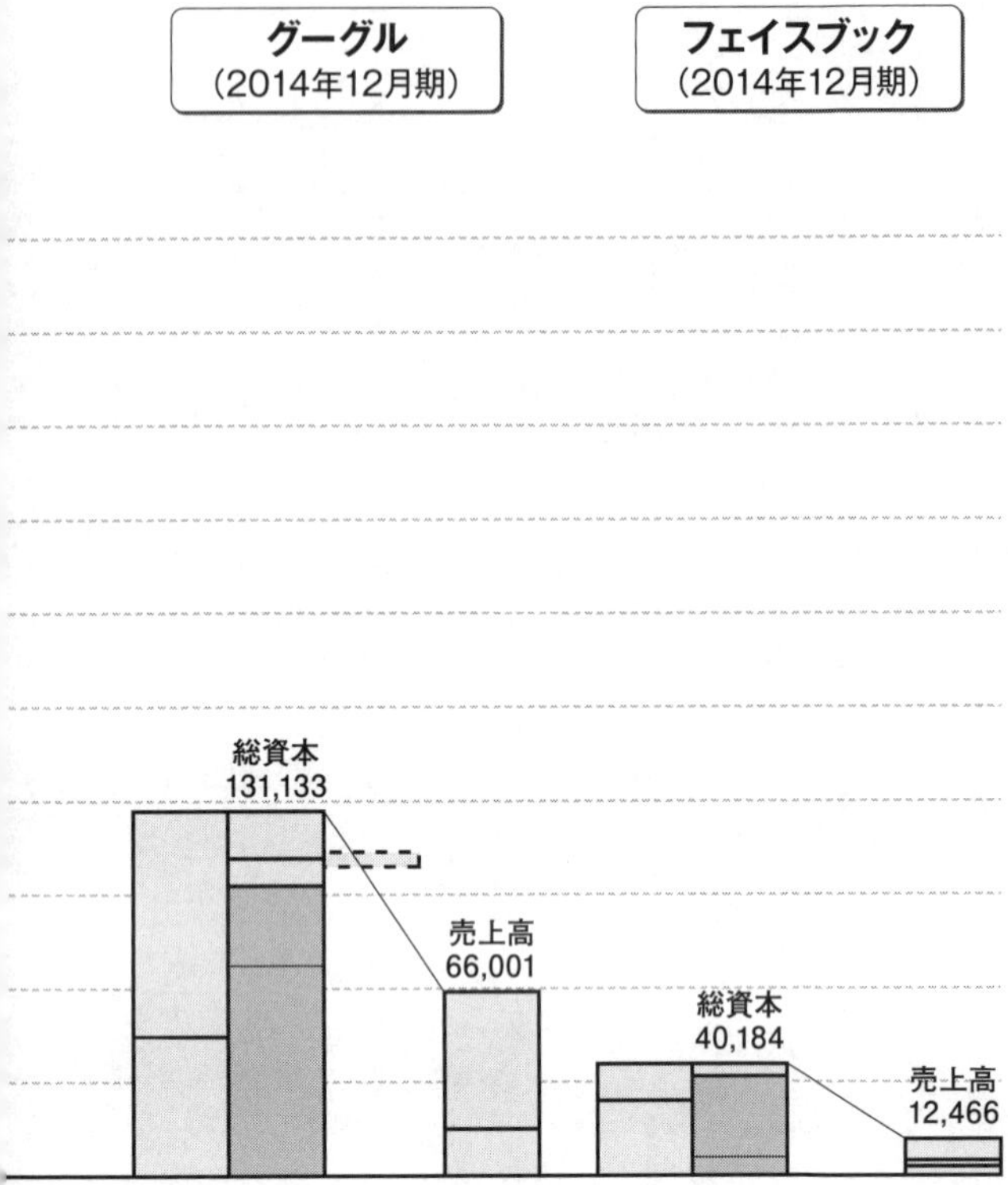
グーグル
(2014年12月期)
フェイスブック
(2014年12月期)
総資本
131,133
売上高
66,001
総資本
40,184
売上高
12,466

図表 2-8-2　GAFA の 2014 年の PL と BS

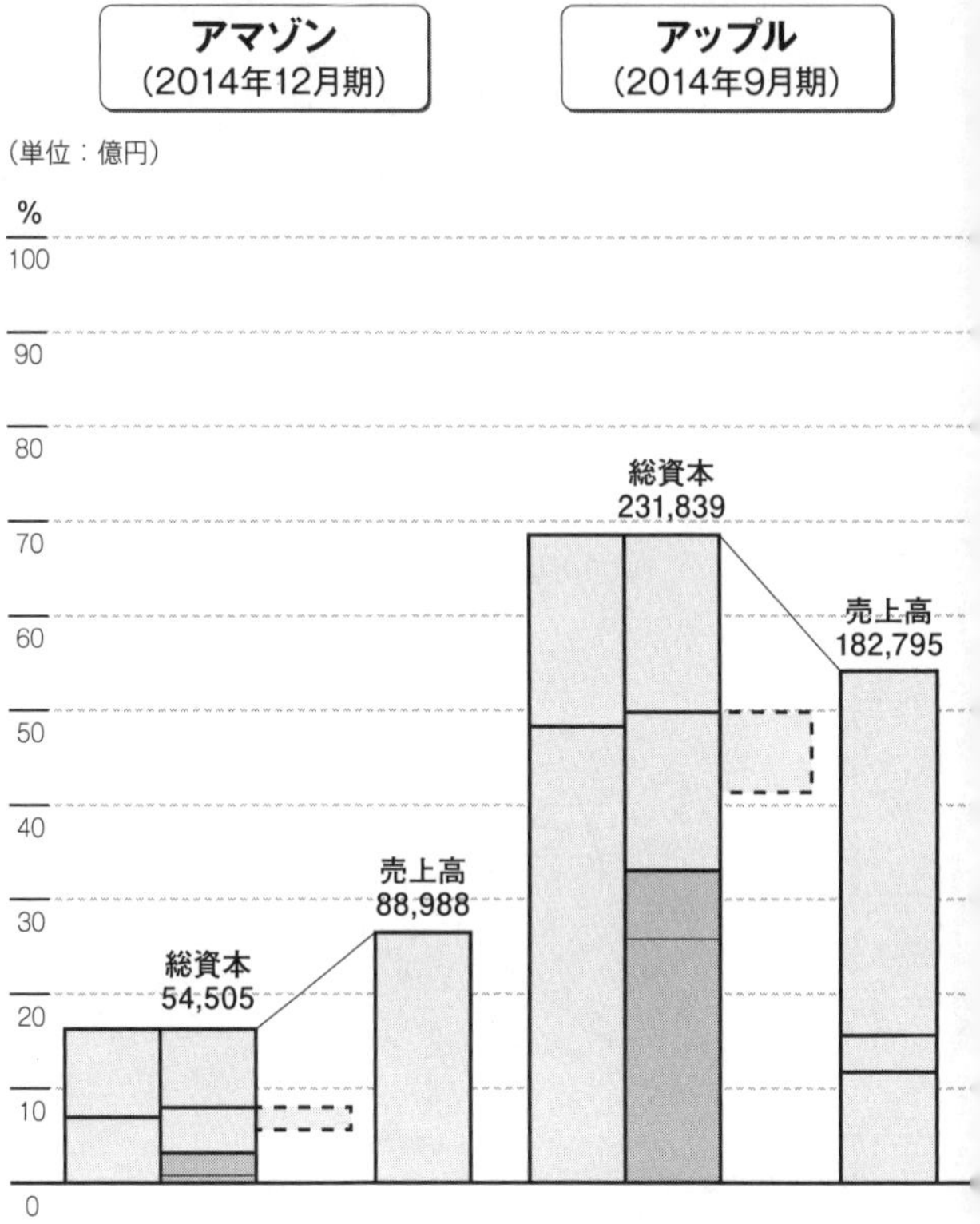

図表 2-8-3　**GAFA+トヨタの売上高の推移**

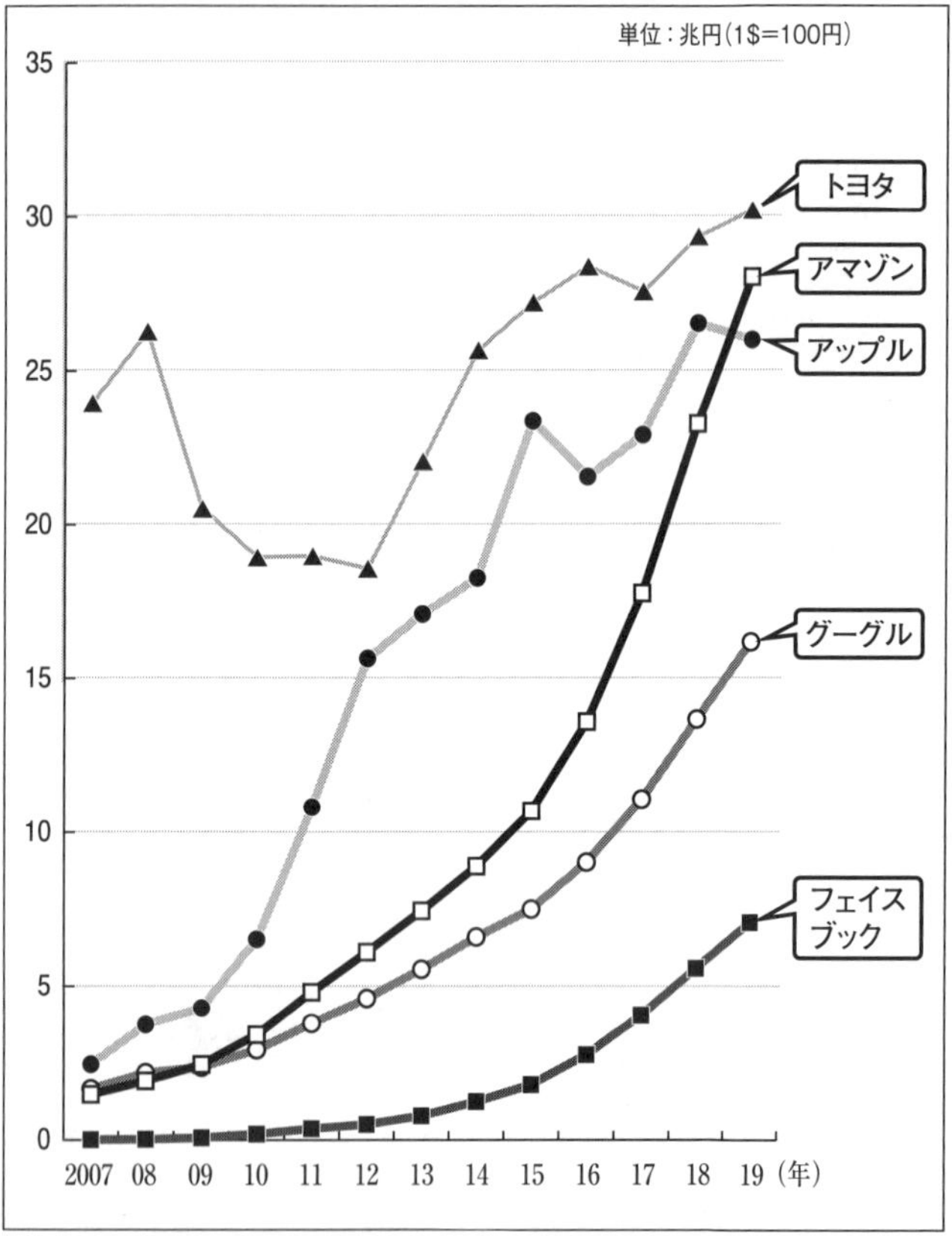

ません。前述したように、日本の売上高トップはトヨタです。トヨタの売上高の推移は、図表2－8－3の一番上の細線で示されたものです。トヨタも2012年以降かなりの売上増がありますが、トヨタは2008年のリーマンショック以前にすでに25兆円を超える売上高があった会社です。

GAFAの図解分析の最後にもう一度グーグルとフェイスブックを取り上げたいと思います。アマゾンとアップルのPLとBSに細部の数値が入った図は、それぞれ134・135ページの図表2－5－11と120・121ページの図表2－5－3に掲載していますから、ここではグーグルとフェイスブックのPLとBSに細部の数値が入った図を掲載しておきます。グーグルとフェイスブックの規模の差は168・169ページの図表2－8－1を見ればわかりますので、ここでは趣向を変えて、それぞれのBSの大きさを同じにして、それぞれの会社のPLとBSの形状を比較してみましょう。次のページの図表2－8－4です。

2社共に利益剰余金が積み上がっていて有利子負債が少ないですから、45ページで述べたような優良企業のBSの典型です。自己資本比率が極めて高く、BSの左右の流動

フェイスブック（2019年12月期）

ROE	18.3%
財務レバレッジ	1.32
総資本回転率	0.53
当期純利益率	26.1%

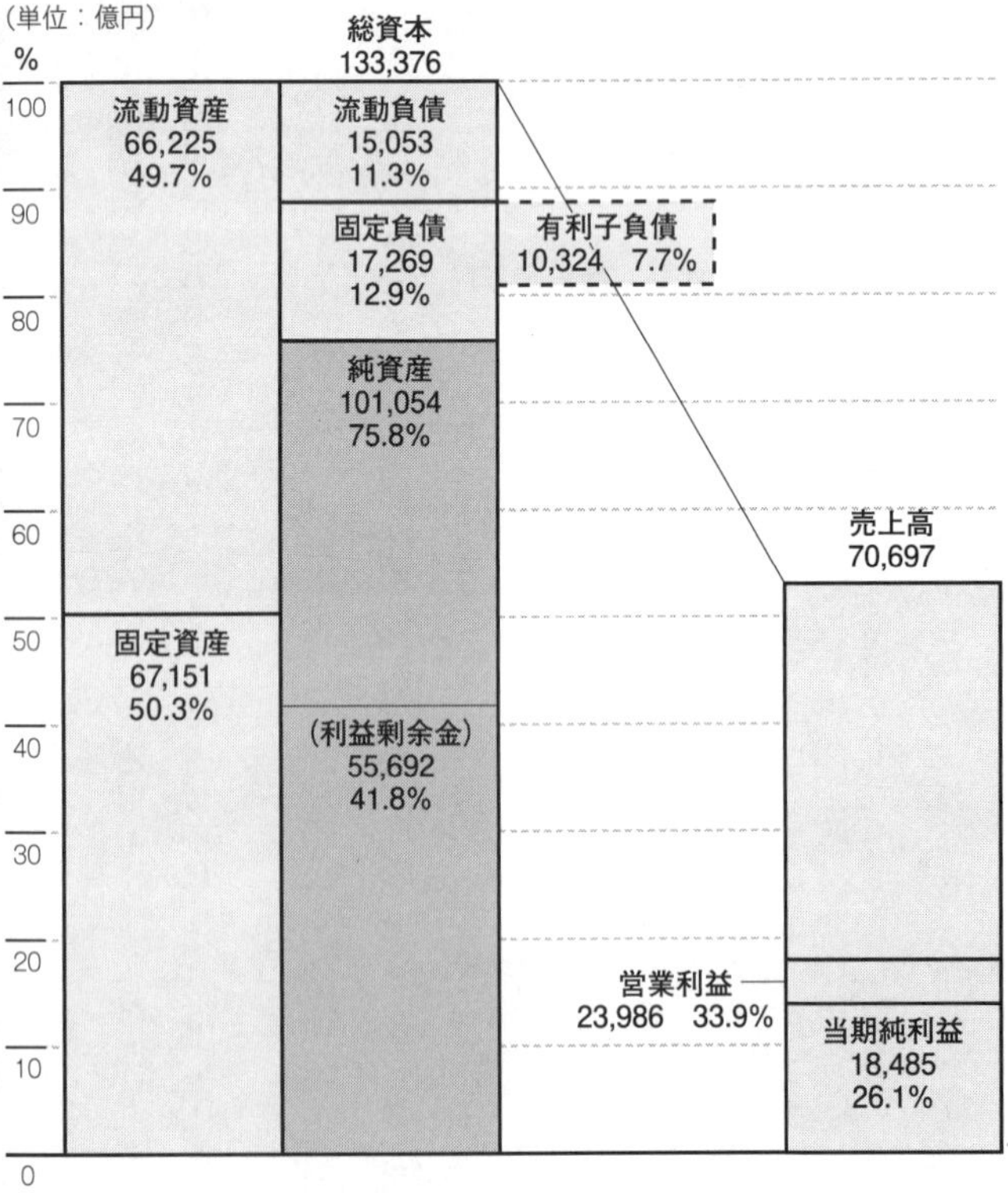

図表 2-8-4　グーグルとフェイスブックの 2019 年の PL と B

グーグル (2019年12月期)

ROE	17.0%
財務レバレッジ	1.37
総資本回転率	0.59
当期純利益率	21.2%

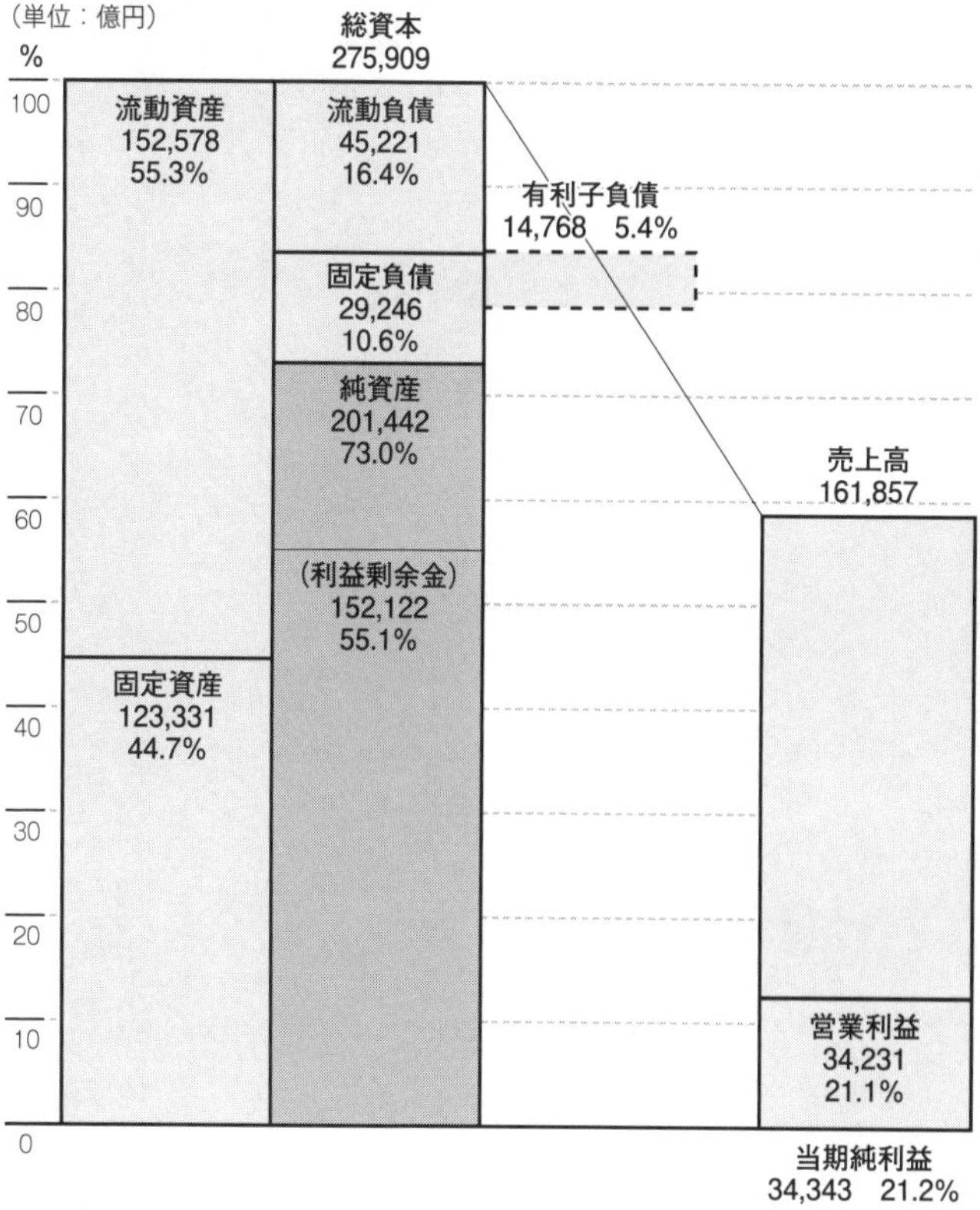

と固定を分ける線も段違いになっていますから経営の安全性は極めて高いと言えます。

ビジネスモデル的に言えば2社共に広告モデルですが、共に当期純利益率が20％を超える極めて高い利益率の会社であることがわかります。

ここでひとつお伝えしておきたいのは、両社のBSの左側です。両社のBSの左側は、次の3項目で総資産の半分以上を占めています。

- 現金及び現金同等物（Cash and cash equivalents）
- 市場性有価証券（Marketable securities）
- 「のれん」（Goodwill）

つまり、知識社会における企業のBSの左側は、現金や現金にすぐにかわる有価証券、そして「のれん」のたった3項目で半分以上が占められているということです。

資本主義の時代は工場や設備などの資本が価値を生みました。その当時の装置産業のBSの左側は、工場や設備などの固定資産や売掛金といったものが大半を占めていました。つまり、ＢＳの左側は事業そのものだったのです。会社を買うと言えば、そのような価値を生む固定資産や売掛金といった事業自体を買うというイメージでした。

しかし、知識社会においては人間の知恵が価値を生みます。そういった人間の価値はＢＳの資産には表れません。また、知的財産も正確にはＢＳに表れていません。有力特許を高額な値段で取得したような場合は別ですが、社内の研究員が取得した特許などは、本当の価値がＢＳに正しく反映されているとは言えないのです。

さらに言えば、「のれん」は買収した事業が将来キャッシュを生まないと判断されれば、米国会計基準や国際会計基準ではただちに減損しなくてはならないことになっています。そして、知識社会における事業は栄枯盛衰が速いですから、「のれん」の価値が突然失われるということも珍しくないのです。

ＢＳの左側にある現金を、同じ額の現金を出して買っても何の意味もありません。「のれん」は前述したように幻のようなものかもしれません。さらに言えば、高いお金を出して企業を買収したとしても、そこにいる知恵のあるキーパーソンがいなくなれば、企業の価値は消え失せてしまう危険性があるのです。

つまり、知識社会における企業の価値は、これまでの財務諸表では正しく表せなくなってきているのです。現在私たちが使っている複式簿記会計は、資本主義社会における事業に最もフィットした仕組みだったのです。今後は企業の評価方法も変わっていくのではないかと思います。

財務分析編の最後に、今回『財務3表図解分析法』の改訂版を書いていて特に感じたことを読者のみなさんと共有しておきたいと思います。それは「のれん」と「自己株式の取得」が会計分野における現代のキーワードだということです。

今回は海外の多くの企業を分析しましたが、多くの企業に共通することが「のれん」と「自己株式の取得」でした。「のれん」が意味することは、現代においてM&Aが企業の成長戦略の重要な選択肢になっているということです。そして「自己株式の取得」が意味することは、多くの海外企業が株主の方を向いて経営しているという事実です。海外の企業はやはり株主資本主義なのだと思いました。

この「のれん」と「自己株式の取得」の仕組みについては、『新版 財務3表一体理解法 発展編』でしっかり勉強しておいていただきたいと思います。

これで第2章の財務分析編は終了です。財務分析は深みに入ろうと思えばいくらでも深みに入っていけます。それはそれで面白いものです。『新版 財務3表一体理解法 発展編』では、事業再生の会計としての無償減資やDES（デット・エクイティ・スワップ）による欠損てん補などについて、実在する企業の例を使って解説しています。

ただ、私たち会計の専門家ではない人間が財務分析としてまずやるべきことは、ザックリと全体像を把握することだと思います。そういう意味で、デュポン・モデルを使ったPLとBSの図解分析と、CSの8つのパターン分析は有効です。

是非みなさんも、みなさんが勤めている会社を含め、いろんな会社の財務分析をしてみてください。

2 道理にかなった経営をしている会社が成果をあげている

アマゾンやグーグルは道理にかなった経営をしていると思います。道理にかなった経営をしているから成果があがっているのです。財務諸表に表れるのは事業経営の結果でしかありません。結果がいい会社にはそうなっている原因があります。

事業を成功させるためには顧客に選ばれるしか方法はありません。顧客がアマゾンやグーグルの商品やサービスを選んだから、アマゾンやグーグルの売上があがり利益があがっているのです。

ピーター・ドラッカーという人は物事の本質を見極めることに天賦の才があった人でした。ドラッカー経営学における事業の概念を1枚の図で表せば、図表2－8－5のようになります。

利益は事業の結果にしか過ぎません。だから、「利益」は図の一番下に置

図表 2-8-5　**ドラッカー経営学における事業の概念図**

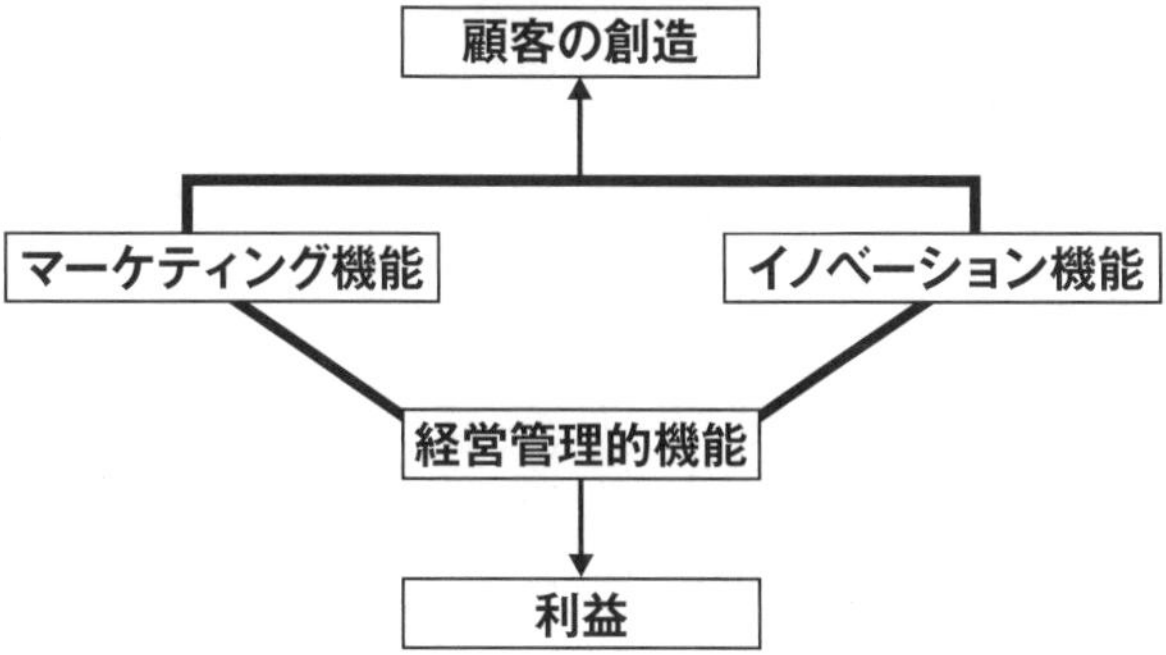

かれています。売上をあげ利益をあげるには顧客に選ばれるしかありません。つまり、既存の顧客をつなぎとめ、新しい顧客を創り出していくしかないのです。なので、ドラッカーは企業の目的は「顧客の創造」だと言うのです。

そして、顧客を創造するためには「マーケティング機能」「イノベーション機能」が必要になります。顧客に選ばれるには、顧客を起点にして顧客を知り尽くし（マーケティング機能）、顧客の期待以上の商品やサービスを創造（イノベーション機能）できなければならないからです。

143ページで、アマゾンのマネジャーたちの企画は「お客様の役に立つのか」「何が新しいのか」の2つだけで評価されると言いました。アマゾンは、正にドラッカーの言う通りのことをしています。

ドラッカーの事業の概念図の中の3つ目の機能が「経営管理的機能」です。英語で言えば〝administrative function〟です。経営学修士のMBA(Master of business administration)と同じ「経営管理」です。

会社という組織は人が集まって仕事をします。特に、知識社会は人が価値を生み出しますから、この「経営管理的機能」は重要です。

これからの知識社会で成功する会社は、たくさんの資金を集められる会社ではなく、知恵のある働き手をたくさん集められる会社です。知恵のある働き手をいかに会社に惹きつけ、引き留めておけるか、また知恵のある働き手にいかにモチベーション高く働いてもらうことができるかが、成否を分けることになるのです。

ドラッカーも「知識を基盤とする新産業の成否は、どこまで知識労働者を惹きつけ、留まらせ、やる気を起こさせるかにかかっている」[*8]と言います。『How Google Works（ハウ・グーグル・ワークス）―私たちの働き方とマネジメント』（日本経済新聞出版）という本を読むと、グーグルという会社が知識労働者に意欲的に働いてもらうことに腐心していることがよくわかります。そして、この本の中にはドラッカーの名前が何度も出てきます。なぜなら、「知識労働者」という言葉を作り出し、知識労働者の生産性という問題に正面から向き合ったのがドラッカーだったからです。

図表2－8－5のドラッカー経営学における事業の概念図の中で、「利益」が下に置いてあるからといってドラッカーは利益を軽視していたわけではありません。ドラッカーは利益に関して次のように言います。「経済的な業績こそ、企業の『第一』の責任である。少なくとも資本のコストに見合う

＊8　『ネクスト・ソサエティ』P・F・ドラッカー著、上田惇生訳（ダイヤモンド社）

だけの利益をあげられない企業は、社会的に無責任である」[*9]「社会と経済にとって必要不可欠なものとしての利益については、弁解など無用である。企業人が罪を感じ、弁解の必要を感じるべきは、経済活動や社会活動の遂行に必要な利益を生むことができないことについてである」[*10]

しかし、同時に次のようにも言うのです。「企業とは何かと聞けば、ほとんどの人が営利組織と答える。経済学者もそう答える。だがこの答えは、まちがっているだけでなく的はずれである。（中略）企業の目的は、それぞれの企業の外にある。（中略）利益とは、原因ではなく結果である」[*11]

アマゾンのＣＥＯのジェフ・ベゾスの経営の考え方とドラッカーの考え方は、マーケティングとイノベーションの重視、さらには長期ビジョンといった点で極めてよく似ています。共に物事の本質を見極めている人たちなのでしょう。

戦後の日本には物事の本質を見極められる人がたくさんいたのだと思います。そのころドラッカー経営学を大切にしたのはアメリカよりもむしろ日本でした。そして、日本の企業は成果をあげました。

しかし、この新しい知識社会において、ドラッカー経営学どおりに経営しているのはアマゾンやグーグルのように見えます。日本人としては残念なことです。現代の日本にも本質を見極められる人がたくさんいることを祈っています。

＊9　『ポスト資本主義社会』P・F・ドラッカー著、上田惇生＋佐々木実智男＋田代正美訳（ダイヤモンド社）

＊10　『マネジメント　課題、責任、実践』P・F・ドラッカー著、上田惇生訳（ダイヤモンド社）

＊11　『【エッセンシャル版】マネジメント　基本と原則』P・F・ドラッカー著、上田惇生編訳（ダイヤモンド社）

第3章　ＰＬとＢＳの作図方法について

（1）作図ソフトについて

第2章で感じていただいたように、人間は数字の羅列であるデジタルデータより、データをアナログ化して図にした方が、たくさんの情報を瞬時に直感的に読み取ることができます。私は顧問先の社長と会計の話をするときは、できるだけPLとBSを図にして話をしていました。会計の専門家ではない人に会計の話をする際に、図解分析は誠に重宝です。読者のみなさんの中には、すでにいろんな会社の財務諸表を図にしてみたいと思っている人がおられるのではないでしょうか。

私が提唱する図解分析法をベースにした作図ソフトは、過去に『財務3表一体分析法ソフト「図解の達人」』という名前で、書籍にCD－ROMが添付されている形で朝日新聞出版から販売されていました。しかし、このソフトは完売となり、現在は「図解の達人」の設計者である五十嵐義和氏が、『財務が見え～る』という名前で類似のソフトをVectorから販売しています（2021年1月現在)。

このソフトはシェアウェアであり、機能が一部制限されたソフトを、試用版として2週間使用できます。気に入ればVectorから認証パスワードを購入し、正規版として使える仕組みになっています。

本書に掲載している図解分析の原図はすべてこの『財務が見え～る』を使って作図しました。『財務が見え～る』では、「図解の達人」で希望の多かった、円・ドルの通貨選択機能も実現されています。例えば、176・177ページの図表2－8－4のグーグルとフェイスブックの図を英文表記すると次のページの図表3－1のようになります。

また、データの入力や作図の際の数値の単位も、千円、百万円、億円、$ in thousands、$ in millionsと豊富です。以前に『財務3表一体分析法ソフト「図解の達人」』で入力したデータも使用できます。

興味がある方は『財務が見え～る』で検索するか、左記のURLをご参照ください。

URL：https://www.vector.co.jp/soft/winnt/business/se509959.html

フェイスブック（2019年12月期）

ROE	18.3%
Financial leverage	1.32
Total assets turnover	0.53
Net income margin	26.1%

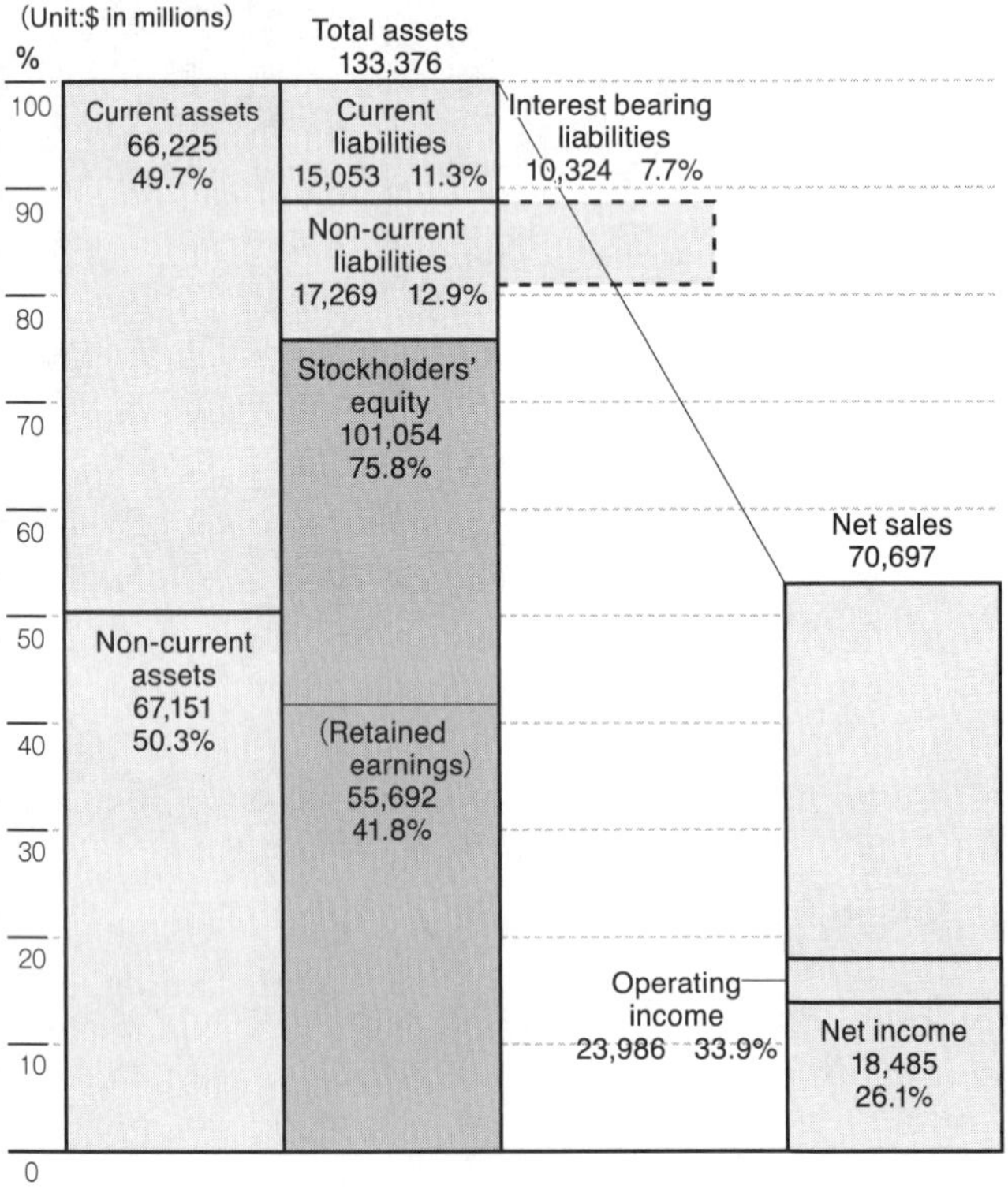

図表 3-1

グーグル（2019年12月期）

ROE	17.0%
Financial leverage	1.37
Total assets turnover	0.59
Net income margin	21.2%

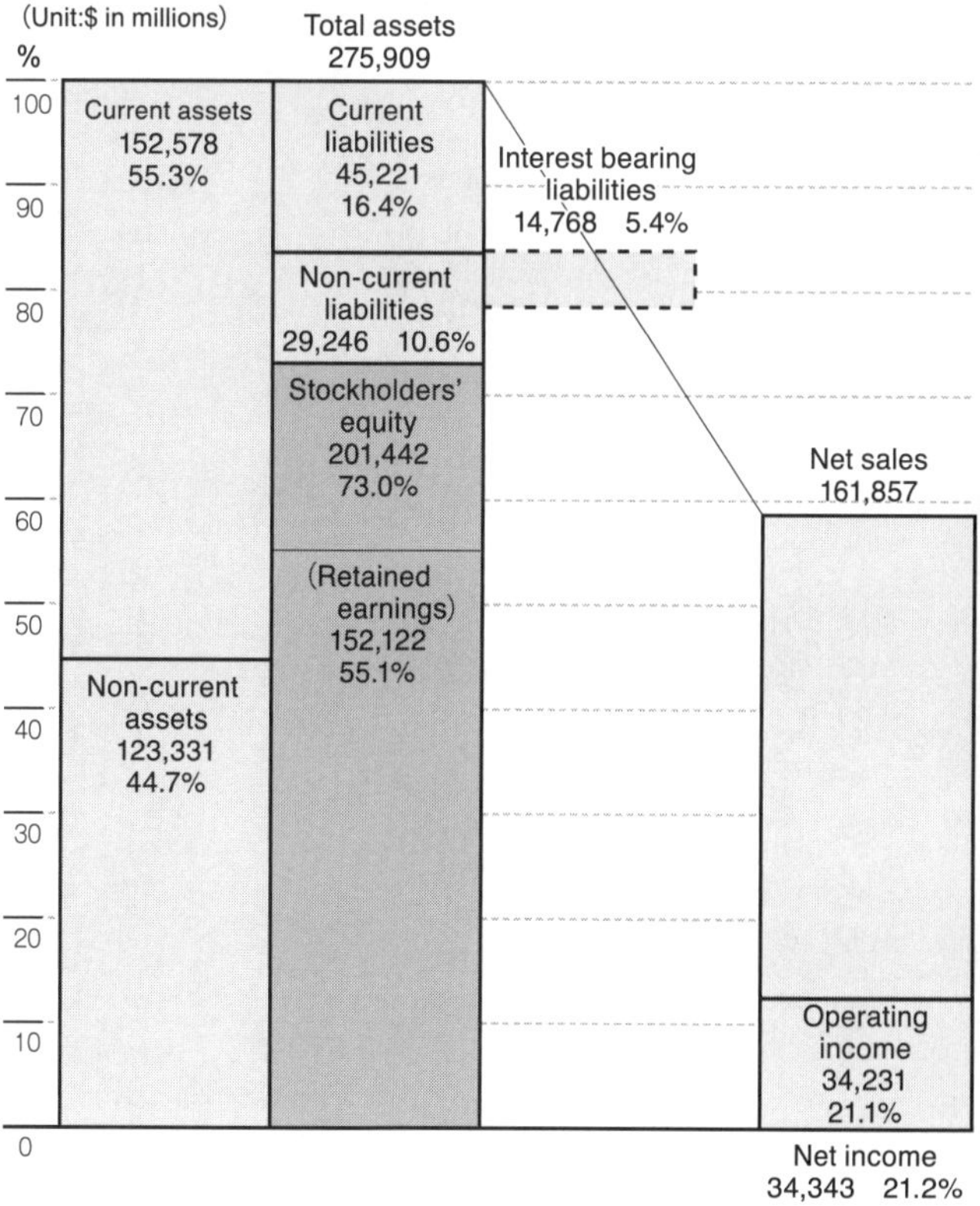

ただ、作図ソフトを使って作図するだけでなく、会計の初学者のみなさんには、少なくとも一度は自分で手を動かして作図してみられることをお勧めします。作図作業は多少時間がかかりますが、作図するためには何度も財務諸表の数字をチェックすることになります。そのことで実際の財務諸表を見ることへのアレルギーが軽減されます。また、作図するために拾い上げる数字は財務諸表の中でも大切な数字ばかりですから、一度作図をすれば次からは作図しなくても財務諸表の見るべきポイントがすぐにわかるようになります。そしてそのことが、財務諸表を俯瞰するという態度につながっていくと思います。

『新版 財務3表一体理解法』で紹介した「財務3表一体理解法」という勉強法は、本を読んだだけでも効果がありますが、ドリル形式で実際に自分の手を動かして財務3表に数字を入れてみると格段に理解が深まります。この『新版 財務3表図解分析法』も同じです。本を読むだけでなく、実際に手を動かしてみてください。

私の会計研修では、「財務3表一体理解法」をドリル形式で学んでいただくと共に、これからご説明する作図法を使って受講生のみなさんに作図してもらっています。会計の勉強では自分の手を動かすことが大切なのです。

（2）財務データの入手方法

①日本の会社の財務諸表の入手方法

作図方法を説明する前に、財務諸表の入手方法について説明しておきます。日本の上場企業の有価証券報告書や決算短信は、多くの場合その会社のホームページの、「株主・投資家情報」「IR資料室」「IRライブラリー」などといったところからダウンロードできます。ちなみにIRとはInvestor Relationsの略です。

有価証券報告書とは、金融商品取引法で規定されている事業年度ごとに作成する企業の開示資料のことです。有価証券報告書の開示は、一般的に定時株主総会の後になります。定時株主総会は決算日の翌日から3カ月以内に開催されるのが一般的ですから、3月末決算の会社は6月末ごろに定時株主総会が開催され、有価証券報告書の開示はその後になります。

決算短信とは、上場している企業が証券取引所の開示ルールに則り、決算発表時に提出するものです。3月末決算の会社は4月から5月にかけて発表されます。

有価証券報告書と決算短信は発表のタイミングが異なるため、有価証券報告書の財務データと決算短信のそれとは微妙に違いが出たり、場合によっては大きな差異が出たりすることもありますが、ほとんどの場合大差はありません。

会社のホームページに財務データが開示されていない場合は、金融庁のＥＤＩＮＥＴというサイトから無料で財務諸表をダウンロードできます。ＥＤＩＮＥＴとはElectronic Disclosure for Investors' NETwork の略で、金融商品取引法にもとづく有価証券報告書等の開示書類に関する電子開示システムのことです。ＥＤＩＮＥＴの検索画面のイメージは図表３－２の通りです（本書執筆中の２０２０年11月時点）。検索サイトを使って、「ＥＤＩＮＥＴ」で検索すれば図表３－２の画面が出てきます。

この中の「提出者／発行者／ファンド」のところに会社名を入力して、一番下の「検索」ボタンをクリックすれば財務データの一覧が表示されます。

有価証券報告書は、会社によっても違いますが、１００ページにも及ぶ膨大な資料で、

図表3-2　EDINETの書類検索画面

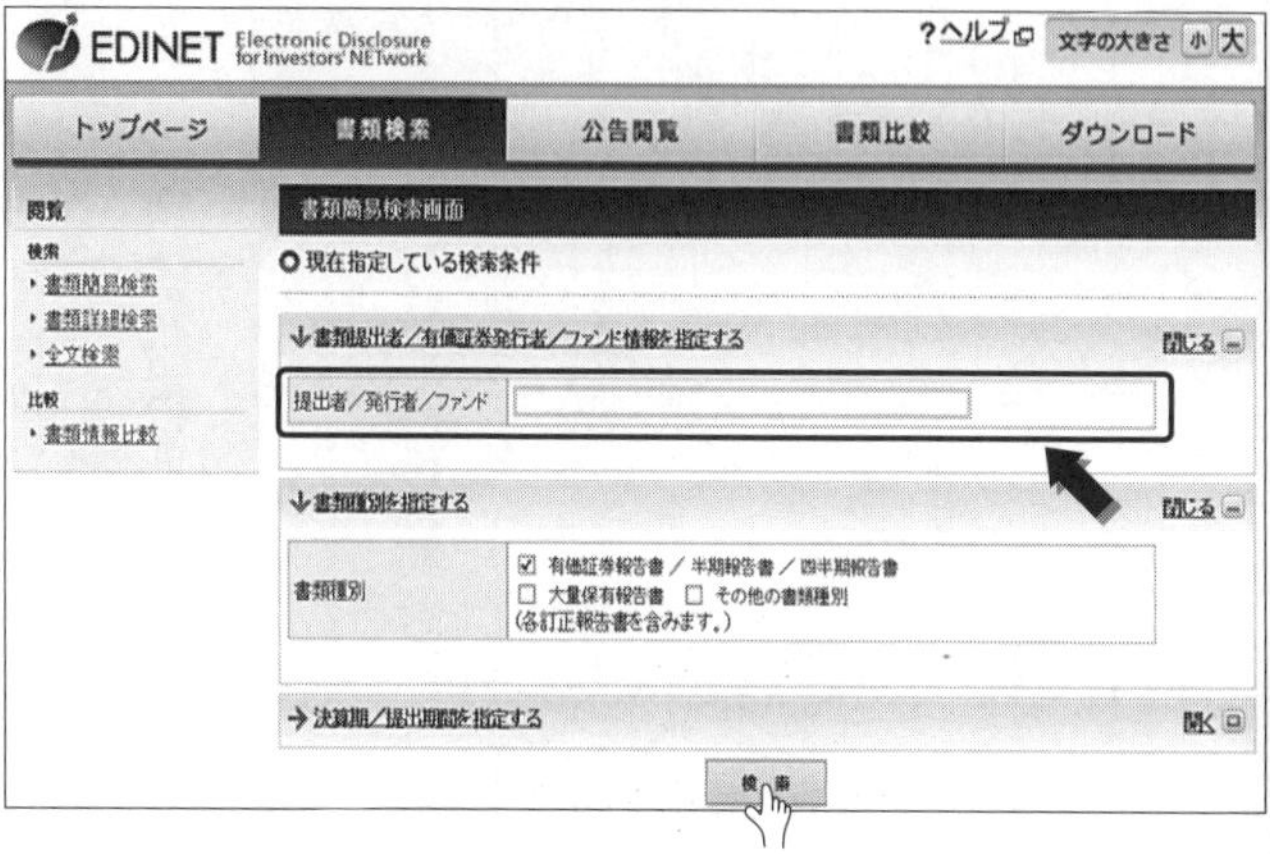

次のような構成になっています。

第1　企業の概況
第2　事業の状況
第3　設備の状況
第4　提出会社の状況
第5　経理の状況
第6　提出会社の株式事務の概要
第7　提出会社の参考情報

財務諸表は、第5の「経理の状況」の中にありますので、有価証券報告書のかなり後ろの方に出てきます。有価証券報告書には、財務諸表だけでなく、「事業の内容」「対処すべき課題」「セグメント情報」など、会社経営に関するさまざまな情報が記載されていますので、有価証券報告書に一通り目を通せば、多くの興味深い情報を入手することができます。

②アメリカの会社の財務諸表の入手方法

海外の会社の財務諸表も、日本の会社のそれと同じく、各社のホームページから入手できます。今回の執筆でも、海外の企業の財務諸表は、インターネットで各企業のホームページを訪問すれば、簡単にAnnual reports（年次報告書）をダウンロードすることができました。

各社のホームページの中の「Investor Relations（投資家情報）」の中に、Annual reports とか SEC filings といった名前で開示されています。ＳＥＣとは、U.S. Securities and Exchange Commission（米国証券取引委員会）の略です。

もし、会社のホームページに財務諸表が掲載されていない場合は、U.S. Securities and Exchange Commission の「Company Filings（会社提出書類）」というホームページか

図表 3-3
SECの「Company Filings（会社提出書類）」の画面

ら「10－K」が入手できます。

10－Kとはアメリカの公開会社に求められる財務諸表等の年次決算開示様式のことです。10－Kという様式の他に、Quarterly reports（四半期報告書）の「10－Q」や、Current reports on material corporation events（臨時報告書）の「8－K」などがあります。

「Company Filings（会社提出書類）」の画面イメージは図表3－3の通りです（本書執筆中の2020年11月時点）。URLは次の通りです。

URL：https://www.sec.gov/edgar/searchedgar/companysearch.html

「Company and Person Lookup（企業と人の検索）」のところに、財務諸表を入手したい会社の名前を入力して、「SEARCH（検索）」のボタンをクリックすれば、調べたい会社名と一致する会社のリストが表れます。その中から調べたい会社を選べば、その会社の各種開示様式が表示されます。その中から希望の年度の10－Kを選べば書類が表示されます。

（3）PLとBSの作図方法

財務データが準備できればいよいよ作図です。同業他社比較でも期間比較でも作図方法は全く同じですが、ここでは76・77ページの図表2－3－5のスバルとマツダの作図例を次のページの図表3－4のエクセルのフォーマットを使いながら説明していきます。

2社のそれぞれのPLとBSの中で、売上高もしくは総資本の中で一番額の大きいものを基準にし、それを「100％」としてすべての図の縮尺が同じになるように作図していきます。

図表2－3－5の例を見れば、マツダの売上高の34758億円が一番大きい数字になります。この「34758」という数字を100％として、BSの流動資産であろうが、固定資産であろうが、PLの粗利であろうが、すべての数字を「34758」で割り戻してあげれば、その結果が図の左端の％メモリを使って作図できます。

項目	数値
ROE	16.6%
財務レバレッジ	3.58
総資本回転率	1.75
当期純利益率	2.6%

マツダ

2008年3月期

単位:億円

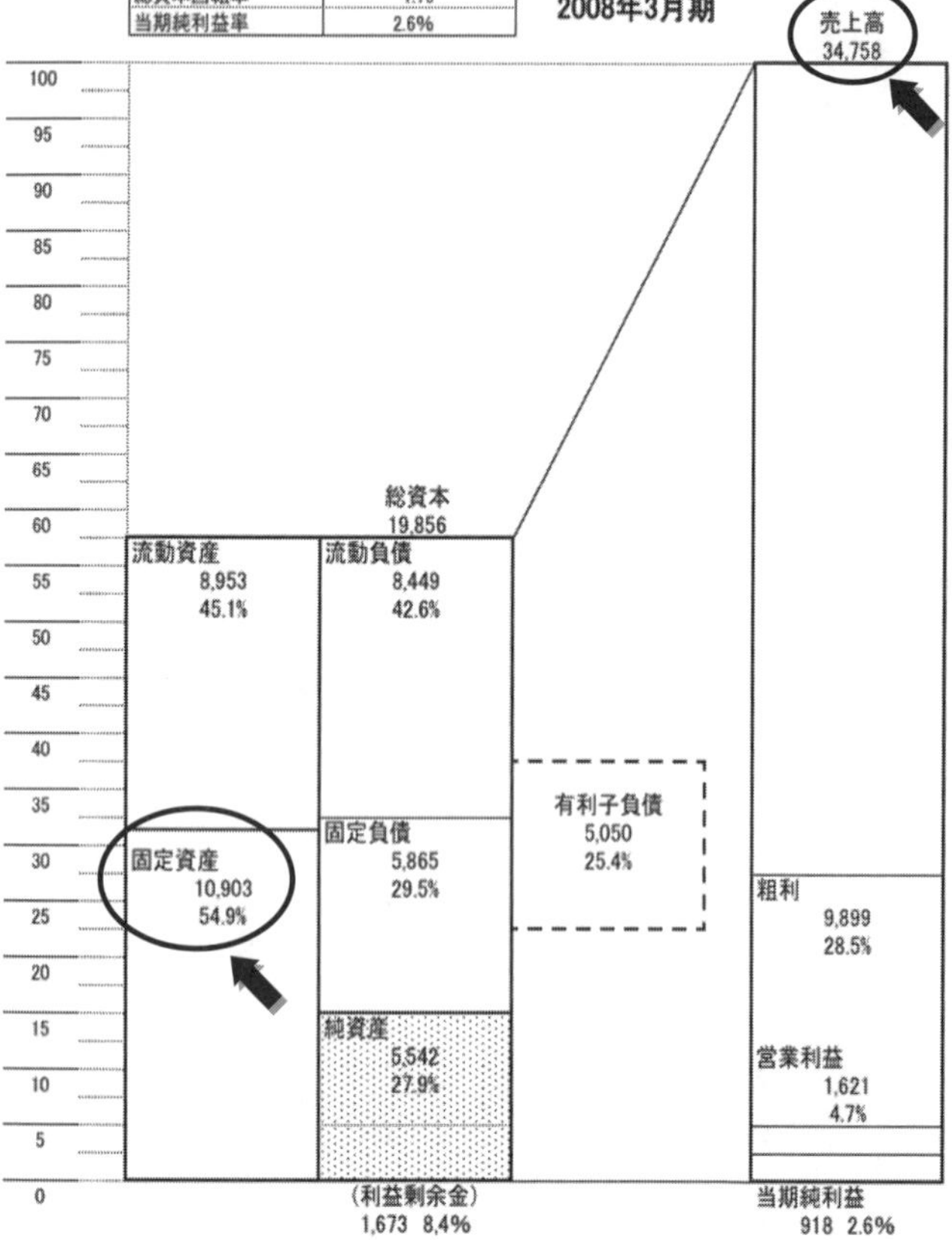

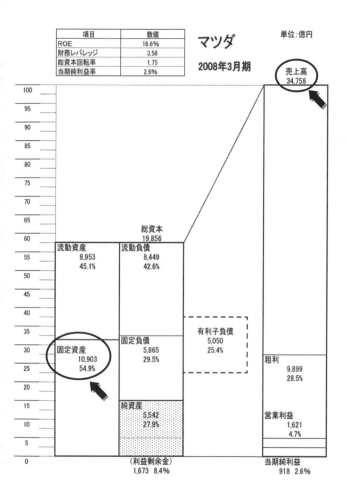

図表 3-4　**エクセルでの作図フォーマットの一例**

項目	数値
ROE	
財務レバレッジ	
総資本回転率	
当期純利益率	

スバル

2008年3月期

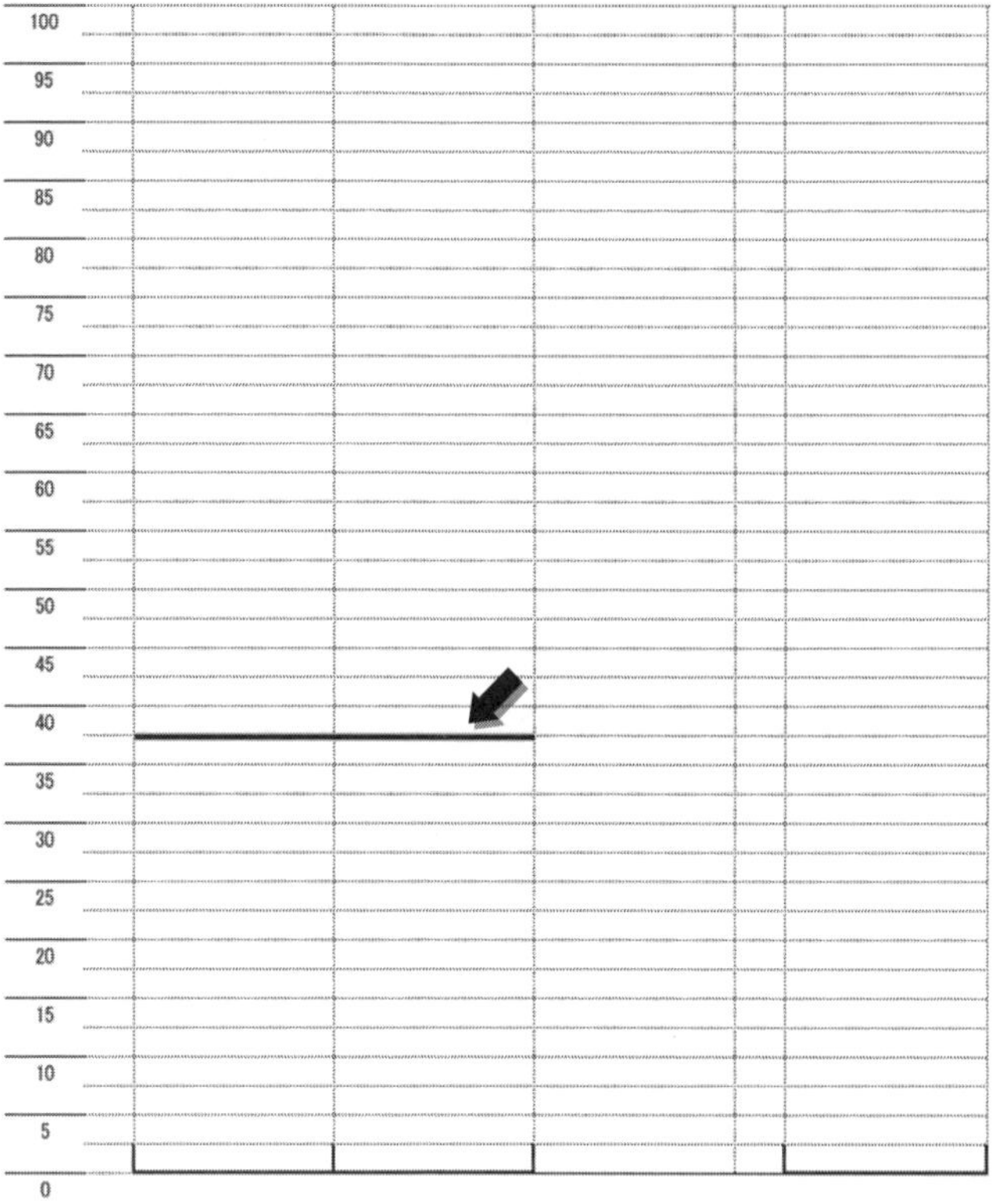

例えば、マツダの総資本は１９８５６億円です。この「１９８５６」を基準値となる「３４７５８」で割り戻せば57・１％になります。図表３－４は１メモリが２・５％ですから、ちょうど55％と60％の間あたりにＢＳの天辺の線を引くわけです。

もうひとつやってみましょう。マツダの固定資産は１０９０３億円です。この「１０９０３」を基準値となる「３４７５８」で割り戻せば31・４％になります。１メモリが２・５％ですから、ちょうど30％と32・５％の線の中間あたりに固定資産の線を引くわけです。

ここで少し混乱している方がおられるかもしれません。ＢＳの中に記載されている％表示はＢＳの総資本を分母にして計算した値です。例えば、マツダの固定資産の１０９０３億円が総資本の１９８５６億円に対して何％であるかを表しています。ちなみに、ＰＬの％表示は売上高を分母にして計算します。

ただ、ＰＬとＢＳの線を描く場合は、スバルもマツダも作図に必要な数字を、すべて基準となる「３４７５８」を１００％として計算します。そうすれば図の左端の％メモリを使って作図できますし、２社のＰＬとＢＳがすべて同じ縮尺で比較できるようになるのです。

スバルの方もひとつだけやってみましょう。76・77ページの図表2－3－5を見れば、スバルの総資本は12964億円です。この「12964」を基準値となるマツダの「34758」で割り戻すのです。スバルの図もマツダの図と同じ縮尺で比較したいわけですから、スバルの作図に必要な数字もすべて、基準値となる「34758」で割り戻すわけです。「12964」を「34758」で割り戻せば37・3％ですから、左端のメモリの35％と40％の中間の線のあたりに2列分、スバルのBSの天辺の線を引くのです。

ちなみに、図表3－4のエクセルの作図フォーマットを細かく説明すると、列の幅はBSの左右の列と有利子負債の列、さらにPLの列の幅をそれぞれ80ピクセル、PLとBSの間の空白のところを20ピクセルとしました。行の高さは12ピクセル。100％を40行で構成し、ひとつの行の高さが2・5％となるようにしました。

コンピューターの環境は人によって違うでしょうが、私の環境ではそのような設定にすることにより、2社のPLとBSの図がうまくコンピューターの1画面に納まり、出力するときもA4サイズの横方向でちょうど一枚の紙にプリントアウトできました。

ちなみに、私の会社（ボナ・ヴィータ コーポレーション）のホームページのトップページ（http://www.migiude.com）から、右記のフォーマットのエクセル版の作図用空白シートが無料でダウンロードできます。ダウンロードしたエクセルを開くと、図表3-4のシートと作図用空白シートの2種類のシートが出てきますのでご活用ください。

なお、ダウンロードのやり方やソフト自体に関するサポートはできかねますので、悪しからずご了承ください。

BSの中の項目としては基本的に「流動資産」「固定資産」「流動負債」「固定負債」「純資産の部」など、大枠だけを記載していきます。「繰延資産」は一般的に額が極めて少ないですから特別な理由がない限り「固定資産」に含めます。

PLも「売上高」「粗利」「営業利益」だけを図の中に記入します。経常利益や税引前当期純利益を入れると図がごちゃごちゃした感じになりますし、国際会計基準や米国会計基準には経常利益の概念もありませんので、PLの図の下に「当期純利益」の数字だけを記入しています。

ＢＳとＰＬの外枠線及び負債と純資産の境目は太線で、その他は細線で作図していま す。ただし、利益剰余金の境目は点線、有利子負債は太い点線としました。本書の図表のように、純資産の部を濃さの違うドットで網掛けしておくと見やすくなります。

ＢＳの純資産の中で特に大切なのが「利益剰余金」です。この「利益剰余金」を見れば、その会社が過去に利益をあげてきたのか損失を出してきたのかがおおよそわかるからです。純資産の部の中に「利益剰余金」だけを内数として記載します。

純資産合計から利益剰余金を差し引いたものが「資本金等」になります。「資本金等」とは、純資産の部の中から「利益剰余金」を差し引いたもの、つまり「資本金」、「資本剰余金」、「自己株式」、「評価・換算差額等」（連結決算書の場合は「その他の包括利益累計額」）、「新株予約権」の合計額になるということです。

「利益剰余金」がマイナスになっている場合は、基準線の下側にＢＳの図の右横にずらして記載するようにしました。そうすることで、「資本金等」から「利益剰余金」のマイナス部分を差し引くと「純資産合計」になることが視覚的に簡単に理解できるからです。そのような形になっているのは、例えば70・71ページの図表２－３－２の三菱自動

図表 3-5　**有利子負債**

流動負債	固定負債
● 短期借入金 ● コマーシャル・ペーパー(*) ● 1年以内返済予定長期借入金 ● 1年以内償還予定社債 ● 1年以内償還予定新株予約権付社債 ● リース債務	● 社債 ● 長期借入金 ● リース債務

*コマーシャル・ペーパーとは、企業が短期の資金調達のために発行する無担保の約束手形のこと。

車のものです。

「有利子負債」はBSの右側に記載します。その際、有利子負債の中の「流動負債」の部分と「固定負債」の部分の比率がわかるように上下の高さ位置を調整して記載していきます。202・203ページの図表3－4のマツダの例で言えば、有利子負債の内の約3分の1が流動負債から出てきたもの、約3分の2が固定負債から出てきたものということです。

負債の中で「有利子負債」となるものは図表3－5の通りです。

4つの重要な財務分析指標であるROE、財務レバレッジ、総資本回転率、当期純利益率の計算式は次の通りです。

ROE（％）＝当期純利益÷自己資本（純資産の部の合計）×100
財務レバレッジ＝総資本÷自己資本（純資産の部の合計）
総資本回転率＝売上高÷総資本
当期純利益率（％）＝当期純利益÷売上高×100

ちなみに、連結の財務諸表を使う場合は、当期純利益は「親会社株主に帰属する当期純利益」を使ってください。連結の財務諸表は子会社や関連会社の財務諸表が連結されているわけですが、その子会社や関連会社の中には親会社が100％の株式を保有しない会社もあるわけです。そういう意味での「親会社株主に帰属する当期純利益」ということなのですが、連結会計について詳しく知りたい方は、拙著『新版 財務3表一体理解法 発展編』をお読みください。

附　章　財務分析のための補足

「財務3表図解分析法」の主要な部分の説明は第3章までで終わりました。会計の専門家ではない人が、財務諸表からザックリ会社の状況や戦略を分析するという意味では第3章までで十分だと思います。

この附章では、「粉飾の手口」、「財務分析指標の補足説明」、「投資家にとって大切な分析指標」、「初版の『財務3表一体分析法』との計算式の違い」などについて説明をしていきます。

本章の（1）「粉飾の手口」は簡単に読み進められます。また、粉飾自体に興味はなくても「粉飾の手口」を学ぶことは会計の仕組みをおさらいすることにもなります。是非読んでみてください。

ただ、その次の（2）「財務分析指標の補足説明」以降は内容的に少し込み入ったところがあります。例えば、ROEのRは「当期純利益」だがROAのRは「事業利益」だとか、レバレッジ比率を計算するときの「他人資本」は正しく言えば「長期他人資本」であるとか、会社法施行前の「株主資本」と会社法施行後の「株主資本」は数値が違うといった内容です。

このような内容は興味のある人にとっては極めて面白い内容だと思いますが、そうでない人にとってはかえって会計を難しいものと思わせてしまう危険性もあります。

ですから、この章は興味がある人だけ読んでいただくのがよいと思います。もし、(2)「財務分析指標の補足説明」以降の内容を少し読んでみて「難しい」と感じる場合は、しばらくの間寝かせておいて、興味が出てきてから必要になったところだけを読んでいただければと思います。

この章を少し「難しい」と感じる方は、本書は第3章までで終わったと思ってください。繰り返しますが、会計の専門家ではない人が、財務諸表からザックリ会社の状況や戦略を分析するという意味では第3章までで十分です。

（1）粉飾の手口

①PLの数字を直接操作する粉飾

まず粉飾の話から始めます。粉飾の解説内容自体は、第3章までと同じく難しいところはありません。

粉飾をすると言えば、みなさんは利益を減らして税金を減らすことだとお思いかもしれませんが、世の中の粉飾で大きな話題になっているものは、そのほとんどが赤字を黒字に見せかけたり、黒字額を積み増したりする粉飾です。

企業は赤字になると困ることがたくさんあります。赤字になると金融機関はお金を貸してくれなくなります。赤字が続き債務超過になり、それが1年以内に解消されないと、上場企業は上場廃止に追い込まれます。

ここでは、実際に現場で行われている、赤字を黒字に見せかける粉飾の手口を、次のページの図表附－1に記載している順に説明していきます。

まず架空売上やキャンセルを前提とした売上の計上です（図中の①）。この操作自体は簡単です。実態のない売掛による売上を計上します。もちろん、そうすればBSの売掛金もその分だけ増えます。また、例えば3月末の期末に取引先に行って、「4月にキャンセルしていただいて結構ですので、3月末までに商品を購入したことにしてもらえないでしょうか」とお願いするのです。相手がOKなら、とりあえずその期に売上が立ちます。そして、4月になってこの売掛をキャンセルします。

売上と売上原価は、本来はストレートに対応していなければなりませんが、仕入先に頼んで請求書を翌期になってから出してもらい、売上原価の計上を抑えて、利益をかさ上げする手法もよく見かけます（②）。

一番簡単に利益を操作できるのが期末在庫の架空計上です（③）。『新版 財務3表一体理解法』で説明したように、期末に在庫を計上すると、その期の売上原価が下がって、利益があがります。中小企業では、在庫の現物を細かくチェックする第三者は基本的にだれもいません。税務署も利益がアップし税金が増える方向の操作はチェックが甘くな

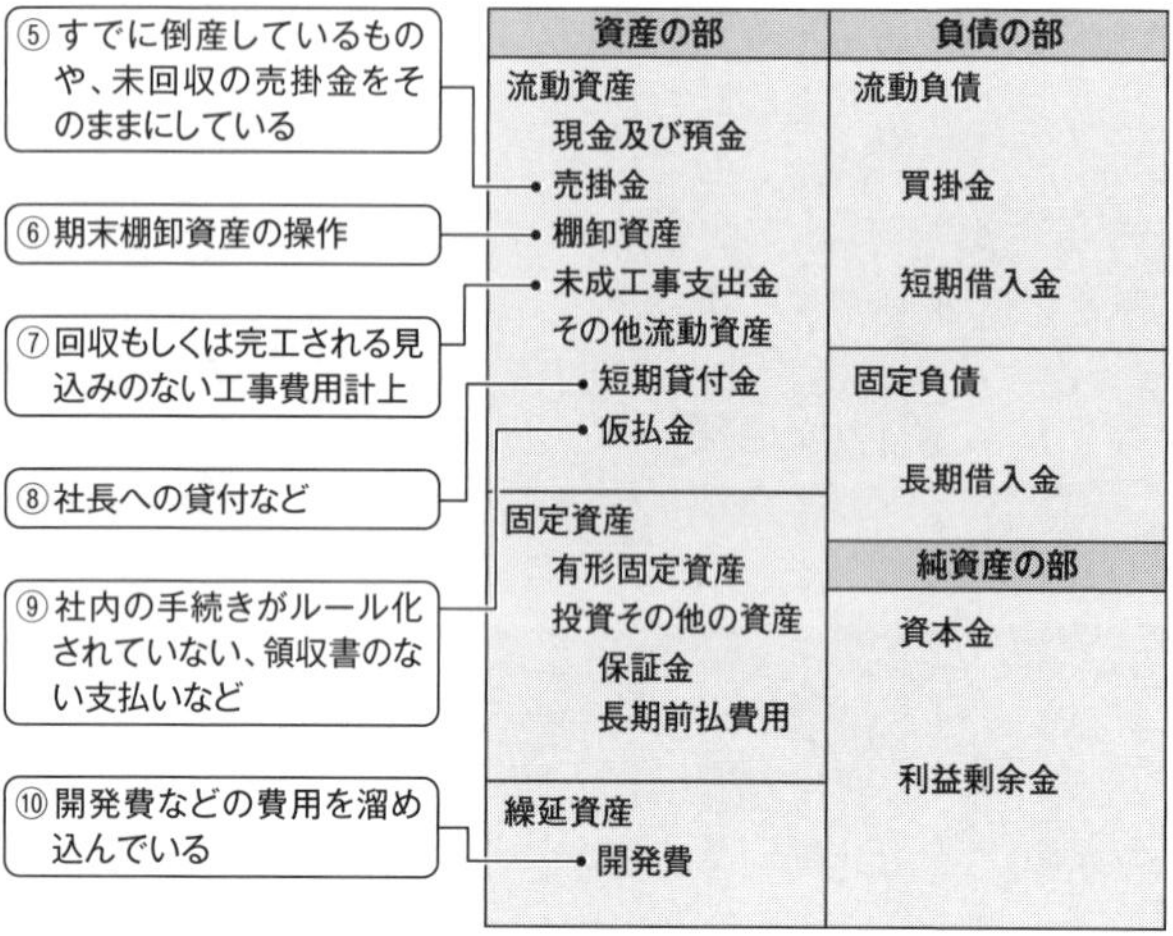

るようです。

　ここで混乱していただきたくないのは、ここで言う在庫の積み増しによる利益操作とは、架空の在庫認識のことです。製造業などで、期中に売れない製品をたくさん作って在庫が増えたからといって、その分原価が減って利益が上がるわけではありません。売上高と原価はストレートに対応します。売り上げた分の原価しか計上されません。ただ、その期の製造数量が増え、製造経費の配賦分が薄まり、1個あたりの原価が多少下がる場合はありますが、その影響は一般的には微々たるものです。

また、ひどい会社になると、減価償却を行わず、減価償却費を計上していない会社もあります（④）。

図表 附-1　**粉飾の手口**

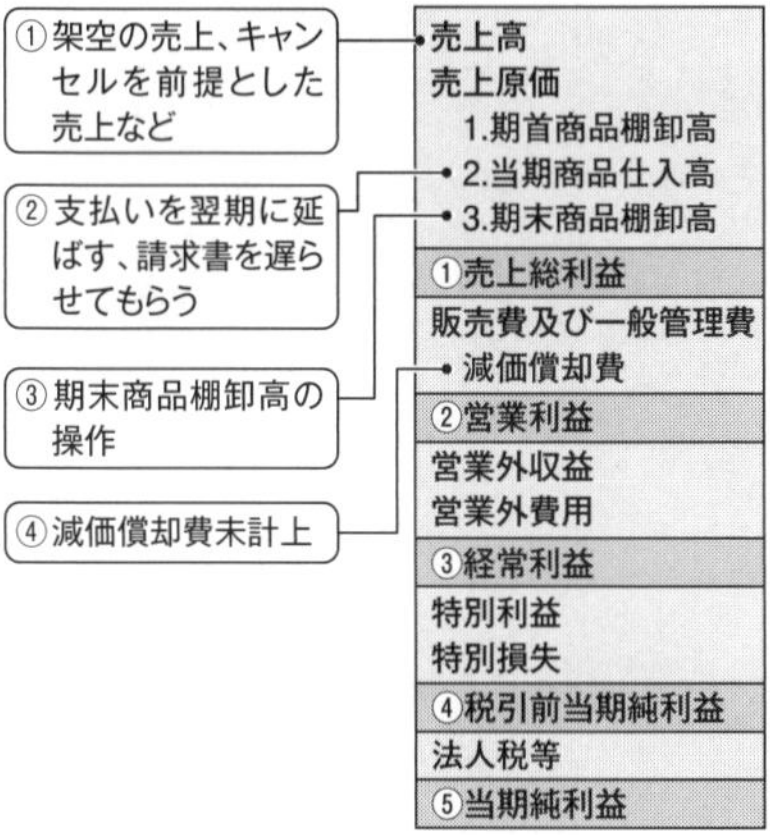

②PLに計上すべき費用をBSに溜め込んでおく粉飾

次から説明するBSの粉飾パターンは、利益を減らさないために、本来はPLに計上しなければならない費用を、PLに計上せずにBSに溜め込んでおくという手法です。

まずは、取引先がすでに倒産していて売掛金が回収不能になっているのに、それをそのままにしている場合です（⑤）。回収不能の売掛金を処理しようと思えば、PLに損失が計上され利益が悪化します。なので、処理を怠っているのです。

BSの棚卸資産の操作⑥というのは、③の期末の棚卸資産の架空計上と連携しているものです。PLとBSはつながっていますから、PLに架空計上した在庫は、その分だけBSの在庫として計上しなければ、BSの左右が一致しなくなります。

工事を請け負う会社などでは、「未成工事支出金」を溜め込んで、資産に計上している会社があります⑦。工事を請け負って仕事をすれば費用が発生しますが、その工事が完工していない場合は、工事にかかった費用を未成工事支出金として資産に計上することが認められています。完工しているにもかかわらず、その期に発生している費用を資産として計上してしまえば、PLを悪化させずに済みます。

社長への「短期貸付金」もよく使われる手口です⑧。中小企業などのオーナー経営者にとって、自分の会社を黒字にする一番手っ取り早い方法は、自分の給料、つまり役員報酬を一気に減額することです。そうすれば利益があがります。しかし、社長といえども生活していかなければなりません。こんなとき、給料の代わりに、会社が社長に短期貸付金として融資を行えば、PLを悪化させないで社長に現金を流すことができるのです。

「仮払金」も曲者です⑨。みなさんが出張などに行くときに、事前にお金をもらっておいて、後で精算する場合のお金などが仮払金です。これも、その期に費用として処理しておかなければなりませんが、社内のルールがいいかげんな会社では、仮払金のまま資産として放置しているケースがあります。さらに、領収書がもらえない使途不明金などが、会計処理できずに仮払金としてそのままになっているケースもあります。

最後は、開発費を「繰延資産」に計上することです⑩。開発費は通常、それが発生した期に費用としてPLに計上します。ただ、開発行為の成果が将来にわたって表れてくるような場合は、開発による売上と費用を対比させるために、開発費をいったん繰延資産として計上して、その後償却していくという方法も認められています。これを悪用して、本来はその期の費用として計上しなければならないものを、開発費としてBSに計上するわけです。

この繰延資産は、費用が発生した期から5年間にわたって償却していかなければならないのですが、ひどい会社になると繰延資産を計上したまま償却せずにほったらかしにしているケースもあります。

繰延資産を償却しないことは明らかに違法ですが、経営実態を偽り、本来は会計上計上すべきでない開発費を繰延資産に計上したり、社長に短期貸付金として融資したりしても、外部者には違法かどうかはすぐにはわかりません。つまり、ＰＬやＢＳは株主や経営者の意思で、ある程度操作をしても発見されにくいところがあるのです。

以上見てきたように、費用が発生してもその費用を資産計上できれば、ＰＬを悪化させずに済みます。調子の悪い会社のＢＳには、「保証金」とか「長期前払費用」などといった名目で、わけのわからない費用が資産に化けているケースがあります。

③東芝の不正会計の手口

ではここで粉飾の実例をご紹介しましょう。株式会社東芝（以下「東芝」）の不正会計が発覚したのは２０１５年でした。２０１５年７月に公表された東芝の第三者委員会調査報告書によれば、東芝の不正会計は工事進行基準の操作、有償支給取引の操作、在庫評価の操作などによって行われています。その内容は次の通りです。

まず工事進行基準の操作による不正会計です。大型のプロジェクトなどで、工事が完成するまで収益や費用を認めないとすると、正しい事業実態が反映できません。したがって、工事の進捗度に合わせて収益と費用を認識するわけですが、その認識のタイミングの操作によって利益をコントロールすることができるわけです。

次は有償支給取引です。パソコンなどの製造を外注する場合に、部品を製造業者に有償で支給して、それを加工して納品してもらう場合があります。社外の製造業者は一般的に他社のパソコンの製造も請け負っている場合があり、支給部品の価格を知られないようにするために、実際の部品の値段より高い値段で支給することがあります。この有償支給部品は、提供した後にその部品を組み込んだ製品を買い取ることになるため、売上には計上されません。しかし、この支給と納品の間に決算期が入れば事情が変わってきます。

在庫評価の操作というのは、これまで説明してきたようにオーソドックスな粉飾の手口です。在庫はその販売の可能性が見込めなくなった時点で、評価を見直し、損失を計上すべきなのですが、それをしなければ利益が下がることを防げます。

東芝は「チャレンジ」とか「コミットメント」という言葉での、トップからの厳しい利益要求に応えるために、このような操作を行うことにより、2008年度から2014年度の間に、総額1500億円を超える利益操作を行っていたのです。

④財務諸表から粉飾を見抜くのは難しい

財務諸表から粉飾を見抜くのは極めて難しいと言わざるを得ません。ただ、同じ会社の財務諸表を数年分見ていけば、操作をしている会社は何らかの「サイン」を出しているものです。

架空の売掛による売上で利益を増やせば、PLとBSはつながっていますから、架空の売掛金はBSに記載されます。同じように、架空の在庫認識により利益を増やせば、架空の在庫はBSに記載されます。

定常的な事業活動が継続されている会社では、売掛金や在庫量が極端に変化することはあまりありません。売上規模が何年も変わらないのに、急に売掛金が増大していたり、在庫が急増したりしている会社は、「何か変だぞ」と思ってみてください。また、売掛金や在庫で粉飾を続けている会社は、売掛金や在庫がどんどん積み上がっていきますから、業界の標準的な売上債権回転期間や棚卸資産回転期間と比べて異常値になっているはずです。なお、売上債権回転期間や棚卸資産回転期間については後ほど235〜236ページで説明します。

粉飾をするような人は、いつでもどこでもインチキなことをします。何事も一事が万事なのです。その人間のさもしい根性が、財務諸表のそこかしこに表れてくるのです。

しかしながら、やはり財務諸表から粉飾を見抜くのは極めて難しいと言わざるを得ません。例えば、売掛による取引が本当に存在するかどうかを確認するには、会社に入り込んでいって実際に書類があるかどうかを確認しなければわかりません。さらに言えば、本当にその売掛による取引が存在しているかどうかは、売掛の相手先に確認しなければわからないのです。右記の東芝の不正会計の手口も、2015年7月に公表された東芝の第三者委員会調査報告書の内容を解説しただけです。

不正会計の実例については、本書で説明した東芝の事例以外にも、2011年に発覚したオリンパスの一連の不正会計の手口を『財務3表一体理解法「管理会計」編』（朝日新書）で説明しています。

オリンパスの不正会計の手口は極めて巧妙です。事業投資ファンドや海外の受け皿ファンドの創設、さらには「飛ばし」といった手法を使っています。しかし、これらの不正会計の手口の解説も、第三者委員会の調査報告書の内容をわかりやすく解説しているだけです。繰り返しますが、会計の専門家ではない人が財務諸表から粉飾を見抜くというのは不可能に近いと思っておいた方がよいと思います。

ただ、『新版　財務3表一体理解法』及び『新版　財務3表一体理解法　発展編』の知識さえあれば、会計の専門家でなくてもこれらの不正会計の手口を理解すること自体は可能です。これら不正会計の手口を理解することは、「のれん」、減損会計、時価会計といった難しい会計基準を理解するための格好の学習材料となります。『新版　財務3表一体理解法　発展編』を読んだうえで、オリンパスの一連の不正会計の手口についても勉強してみてください。

3

プロとして最も大切なこと

第2章で三菱自動車の燃費偽装に触れました。自社の車の燃費を良く見せかけるため、国の定めたやり方とは違うやり方で燃費を測ったことは世間から大きな非難を浴びました。三菱自動車は毎年1000億円規模の利益を出せる会社であったにもかかわらず、あの燃費偽装の問題をきっかけに結局日産自動車の傘下に入ることになってしまいました。

この章では東芝の不正会計に触れました。東芝は、不正会計の発覚に端を発して赤字に転落し、虎の子の東芝メディカルシステムズを売却せざるを得なくなりました。そして、その翌年には1兆円に迫る大赤字を計上しました。

私がサラリーマンとしてお世話になった神戸製鋼所も、品質検査データの改ざんやねつ造で不祥事を起こしました。その後、多くの企業で似たような事例が発覚し、日本のものづくりの信頼を失わせかねない大問題となりました。

最近の例で言えば、日本郵政グループの保険の不適切販売の問題がありました。私も田舎の出身だからわかりますが、田舎の人がお金にかかわることで頼りにするのはまず郵便局と農協（ＪＡ）です。その信頼を裏切ってしまったのです。

これらの問題に共通することは何でしょうか。それは「知りながら害をなした」ということです。人間は不完全な生き物ですから、よく失敗します。ただ、お互い人間ですから、誠実に一生懸命やっていて失敗したことは、人は多少大目に見てくれる面があります。しかし、やってはいけないとわかっていながら意図的に悪をなせば、人はそれを許しません。

人間は弱い生き物です。魔が差すこともあります。また、組織や個人の売上が足りないとなれば、社会の論理より組織の論理を大切にして、何が何でも売上を上げようとすることもあります。

　しかし、私たちビジネスパーソンはプロとして仕事をしています。エンジニアも営業マンも経営者も、プロとして仕事をしている以上は、プロとしての職業倫理にしたがわなければなりません。

　ピーター・ドラッカーは次のように言います。「プロフェッショナルの責任は、すでに二五〇〇年前、ギリシャの名医ヒポクラテスの誓いのなかに、はっきり表現されている。『知りながら害をなすな』である。プロたるものは、医者、弁護士、マネジャーのいずれであろうと、顧客に対して、必ずよい結果をもたらすと約束することはできない。最善を尽くすことしかできない。しかし、知りながら害をなすことはしないとの約束はしなければならない。顧客となるものが、プロたるものは知りながら害をなすことはないと信じられなければならない。これを信じられなければ何も信じられない[*12]」

*12　『【エッセンシャル版】マネジメント　基本と原則』P・F・ドラッカー著、上田惇生編訳（ダイヤモンド社）

私たちはお医者さんが手術に失敗するかもしれないことは知っています。しかし、どうして私たちはお医者さんに身を委ねるのか。それはお医者さんが最善を尽くしてくれると信じるからです。それがなければ、人が人を信じるという社会の基盤は失われてしまいます。

前述したように、誠実に一生懸命やっていてもうまくいかないことはよくあります。しかし、「知りながら害をなすことはない」ということだけは約束できます。「知りながら害をなして」しまえば、社会からの信頼を失うのです。

不祥事が起こるのは、ほとんどの場合「知りながら害をなした」ときです。不祥事を起こしていない人や組織も他人事にしてはいけないと思います。人間は追い込まれれば、自分や組織を守るために、簡単に「知りながら害をなす」生き物なのですから。

(2) 財務分析指標の補足説明

第3章までで、財務諸表からザックリと会社の状況を分析する方法について説明してきました。ここでは、これまでに説明してきた財務分析指標に加えて、いくつかの一般的な財務分析指標について説明しておきます。財務分析指標の一覧は次のページの図表附-2の通りです。

①収益性分析について

財務分析とは、「収益性」「安全性」「成長性」の分析を行うものだと言われますが、収益性分析の基本となるのがROEです。資本主義社会において、株主の自己資本がどれだけの利益に変わっているのかという観点での見方です。この事業全体の収益性を表すROEは、「財務レバレッジ」「総資本回転率」「当期純利益率」の掛け算で求められるということでした。

	評価の目安
	上場企業の平均*は3.7～10.6%で推移。10%がひとつの目安。
	良し悪しではなく、経営の方向性を示す指標。
	業界によって大きく異なる。
	業界によって異なる。
	上場企業の平均*は3.8～6.0%で推移。
	業界によって異なる。WACCとの比較で評価する。
	100%未満はあまり良くない。
	100%以上が理想。
	100%以内が理想。
	100%を超えるとあまり良くない。
	上場企業の平均*は39～44%で推移。
	業界によって異なるが、1カ月がひとつの目安。
	業界によって異なる。
	業界によって異なる。
	上場企業の平均は65～82%で推移。
	上場企業の平均は4.2～4.6カ月で推移。
	10年以内がひとつの目安。
	100%以下がひとつの目安。
	10倍以上が理想。

図表 附-2　主な財務分析指標の計算式と評価の目安

	分析指標	計算式
収益性	ROE（自己資本利益率）	当期純利益÷自己資本
	財務レバレッジ	総資本÷自己資本
	総資本回転率	売上高÷総資本
	当期純利益率	当期純利益÷売上高
	ROA（総資産利益率）	営業利益÷総資産　または、 事業利益÷総資産
	ROIC（投下資本利益率）	税引後営業利益÷ （有利子負債＋自己資本）
安全性	流動比率	流動資産÷流動負債
	当座比率	当座資産÷流動負債
	固定比率	固定資産÷自己資本
	固定長期適合率	固定資産÷（自己資本＋固定負債）
	自己資本比率	自己資本÷総資本
活動性	棚卸資産回転期間	棚卸資産÷月商（売上高÷12）
	売上債権回転期間	売上債権（売掛金＋受取手形）÷ 月商（売上高÷12）
	仕入債務回転期間	仕入債務（買掛金＋支払手形）÷ 月商（売上高÷12）
債権者注目指標	有利子負債比率	有利子負債÷自己資本
	有利子負債月商倍率	有利子負債÷月商（売上高÷12）
	債務償還年数	有利子負債÷（営業利益＋減価償却費）
	デット・キャパシティ・ レシオ	有利子負債÷ （現預金＋有価証券＋有形固定資産）
	インタレスト・カバレッジ・ レシオ	営業利益÷支払利息　または、 事業利益÷支払利息

＊評価の中の「上場企業の平均」とは、『産業別財務データハンドブック2019』の過去10年の推移。

ただ、みなさんお気づきのように、財務レバレッジが高ければ、ROEも高くなるという傾向があります。財務レバレッジが高いということは、一般的には借金が多いということです。ROEが高くても、財務レバレッジが高ければ、経営の安全性が低いとも言えます。

そこで、収益性分析のひとつとしてROA（Return on Assets）が使われることがあります。計算式は営業利益÷総資産です。調達した総資産をいかに効率よく使って利益を稼ぎ出しているかという指標です。日本語では総資産利益率と言います。

ROAの計算式の分子の利益を、営業利益にしたり当期純利益にしたりと、いろんなケースが見受けられます。ただし、正しく言えば、ROAの計算式の分子の利益は、営業利益に受取利息や配当収入などの投資・財務活動からの収益を加えた、「事業利益」を使うべきなのです。ROAのリターンとは総資産に対するリターンだからです。

最近、資本コストに対する収益性が重視されるようになってきたことや、財務レバレッジを調整して短期的にROEを高めるといった問題から、ROIC（Return on Invested Capital）が注目されるようになってきています。計算式としては、税引後営業利益÷（有利子負債＋自己資本）が一般的に使われています。投下した資本をいかに効率よく使って利益を稼ぎだしているかという指標です。日本語では投下資本利益率と言います。

投下資本利益率という言葉が示すように、ＲＯＩＣは投下された資本のコストとの比較で評価します。ＲＯＩＣの説明をする前に資本のコストについて説明しておきましょう。

第1章の図表1－6（30ページ）を見ればわかりやすいですが、資本には「他人資本」と「自己資本」がありました。まず「他人資本」のコストとは何でしょうか。借入金の利息ですね。つまり、その会社の有利子負債に対する利率が他人資本のコストになります。この他人資本のコストのことを「負債コスト」と言います。

では、「自己資本」のコストとは何でしょうか。配当金と思われるかもしれませんが、そうではありません。「自己資本」のコストのことを「株主資本コスト」と言いますが、株主資本コストとは、投資家のその会社に対する期待リターンを意味します。

株主資本コストを求める際に、現在もっともよく用いられている方法は資本資産価格モデル：CAPM（Capital Asset Pricing Model）という考え方を利用するものです。
この考え方によれば、株主資本コストは次の計算式で求められます。

株主資本コスト＝リスクフリーレート＋リスクプレミアム

リスクフリーレートとはリスクがゼロの投資機会に対する利回りで、一般的には長期国債の利回りが用いられます。リスクプレミアムは個々の会社の状況に応じてリスクフリーレートに加算されるコストです。会社の株式を購入する人にとっては、長期国債より株式のほうがリスクが高いため、上乗せする値がこのリスクプレミアムです。

リスクプレミアムの値は会社毎に異なるのですが、細かい計算は会計の専門家に任せ、本書をお読みのみなさんは株主資本コストの基本的な概念だけ理解しておけばよいと思います。ただ、もう少し突っ込んで勉強したい方は、拙著『できる人になるための「財務3表」』（中央経済社）をご参照ください。

資本コストという言葉を使いますが、負債コストも株主資本コストもその単位は％です。負債コストも株主資本コストもその値は会社によって異なります。有利子負債と自己資本の資本構成も会社によって異なります。その会社の負債コストと株主資本コストを資本構成に基づいて加重平均して、その会社の資本コストを計算します。これをWACC（Weighted Average Cost of Capital）と言います。日本語では「加重平均資本コスト」です。

資本にはコストがかかっています。そして、その資本コストは会社毎に異なります。なので、事業の収益性を見る場合は、それぞれの会社の資本コストとの比較で評価すべきなのです。

ROICの計算式の分母は有利子負債＋自己資本ですから、その会社の負債コストと株主資本コストを加重平均して求めたWACCと対比して評価します。ROEの計算式の分母は自己資本ですから、本来はその会社の株主資本コストと対比して評価すべきなのです。

ROICの計算式の分子は税引後営業利益だと言いました。ROEの計算式の分子は当期純利益です。なぜ、ROICの分子は税引後営業利益なのでしょうか。

ここで読者のみなさんに理解しておいていただきたいことがあります。企業が稼ぎだした利益には3つの支払い先があるということです。1番目が債権者への利息の支払い、2番目が政府機関への税金の支払い、そして最後の3番目が株主への配当金の支払いです。

ROICは債権者と株主に対する収益率ということですから、税引後で債権者への利払前かつ株主への配当前の利益を用いるのです。論理的に言えば、分子は「利払前税引後利益」が正しいと思いますし、そのように解説している書籍もあります。ただ、ROICは本業の営業成績を重視しますので、一般的に分子を「税引後営業利益」にしているものと思われます。ちなみに、ROICの計算式の分子を何にすべきかについてはさまざまな議論があります。

ここで読者のみなさんの中には、「ではなぜROAの分子は税引後にならないのか」という疑問を抱いた方がおられるのではないかと思います。そもそも財務分析指標は法律に基づいた定義があるわけではありません。いろんな考え方をベースに作られています。ROICは特に、資本の提供者である債権者と株主を強く意識した収益性という考え方がベースになっています。一方でROAは、資本の提供者というより総資産に対する収益性という考え方がベースになっていますので、分子は事業利益になっていると考えておけばよいと思います。

いずれにせよ、最近では資本コストに対する収益性ということが注目されるようになってきています。本書のコラムで触れた経営学者のドラッカーは、30年以上前に「少なくとも資本のコストに見合うだけの利益をあげられない企業は、社会的に無責任である」[*13]と言っています。ドラッカー経営学を勉強してきた私としては、世の中がやっとドラッカーの指摘に追いついてきているような感じがしています。

次に、利益率について少し説明しておきます。収益性をはかる財務分析指標として「当期純利益率」を使ってきましたが、分子の利益を何にするかで見えるものが変わってきます。

＊13 『ポスト資本主義社会』P・F・ドラッカー著、上田惇生＋佐々木実智男＋田代正美訳、ダイヤモンド社

粗利率とは基本的に売上高と原価の差を見ています。連結財務諸表ではいろいろな事業の粗利がいっしょくたになっているので、粗利率を見てもあまり得るものはないかもしれません。ただ、単純なビジネスであれば、粗利率から商品の魅力度や商品自体の利益率が見てとれます。

営業利益率は本業の営業活動による利益率ですし、経常利益率は営業活動以外の財務活動などを含めた、事業全体の経常的な活動による利益率です。言わずもがなのことですが。

②安全性分析について

安全性の分析指標については、すでに「流動比率」「固定比率」「固定長期適合率」「自己資本比率」などを説明してきました。

これらと同じくよく使われるものに「当座比率」があります。計算式は、当座資産÷流動負債です。当座資産とは、現金及び預金＋売掛金＋受取手形＋短期有価証券です。短期有価証券とは、流動資産の中に含まれる、売買目的の有価証券のことです。当座資産には流動資産の中の在庫などの棚卸資産は含まれません。当座資産とは、「当座の間に合わせ」という言葉があるように、すぐに現金になる資産のことです。

1年以内に返済しなければならない借金である流動負債より、すぐに現金になる当座資産の方が多ければ安心ですね。

財務分析とは、「収益性」「安全性」「成長性」の分析であると言いましたが、「成長性」については、売上高や総資本さらには利益率といったものの期間比較をすればわかることですので、説明は割愛します。

③活動性分析について

流動資産と流動負債の項目を使って、企業の活動性を分析する指標があります。在庫をたくさん持ち過ぎていないかとか、回収が滞留している売上債権が多くないかなどといったことを分析するものです。

在庫が適正かどうかについては、棚卸資産回転期間という分析指標があります。計算式は、棚卸資産÷月商（売上高÷12）です。つまり、月商の何カ月分の棚卸資産を持っているかということです。在庫回転期間という場合もありますが、意味は同じです。棚卸資産回転期間を計算するときの分母は、売上高ではなく売上原価を使う場合もあります。その方が論理的ではありますが、現場では分母に売上高を使っている場合が多いようです。

売上債権については、売上債権回転期間という分析指標があります。計算式は、売上債権（売掛金＋受取手形）÷月商（売上高÷12）です。つまり、売上債権が月商の何倍くらいあるかを見ているものです。仕入債務回転期間も考え方は同じです。

④債権者注目指標について

財務分析指標の中には、特に債権者（お金を貸してくれている人）の関心が高いものがあります。債権者にとって興味があるのは、「ちゃんと借金を返してくれるかどうか」ということです。これらの指標の計算式は、230・231ページの図表 附－2の「債権者注目指標」の欄をご参照ください。

いくつか理解しにくいものを説明しておきましょう。まずは債務償還年数の計算式の分母がなぜ（営業利益＋減価償却費）になっているのかということです。『新版 財務3表一体理解法』でも説明したように、利益と現金の差を生む大きなものは、売上債権の変化量、棚卸資産の変化量、仕入債務の変化量、減価償却費の4つです。定常的な営業活動をしている会社は、何年かで通してみると売上債権や棚卸資産や仕入債務が激変することはあまりありません。とすると、利益と現金の差の一番大きいのが減価償却費です。つまり、営業利益に減価償却費を足し戻しておけば、その期に営業活動で稼ぎ出した現金の額がザックリわかるのです。債務償還年数とは、借金の返済原資となる現金を、その期の営業活動でどれくらい稼ぎ出しているかをザックリ見ているものなのです。

デット・キャパシティ・レシオのデット（Debt）とは負債のことです。デット・キャパシティとは、借金ができる能力がどれくらいあるか、つまり借金に対する担保余力をどれくらい持っているかということです。ですから、分母が担保能力を表す（現預金＋有価証券＋有形固定資産）になっているのです。ここで言う「有価証券」とは、流動資産の中の有価証券と固定資産の中の有価証券の両方のことです。

インタレスト・カバレッジ・レシオのインタレスト（Interest）は利息のことです。

PLの構造を思い浮かべていただければわかりますが、支払利息は営業利益の下に出てきます。つまり、支払利息をカバーできる営業利益がどのくらい出ているかを見ているものです。ただし、これも正しく言えば、分子の営業利益は、ROAのところで使った「事業利益」を使うべきなのです。

図表 附-2の中に、「評価の目安」を書いていますが、これらは単なる一般論としての目安です。これらは業界によっても目安となる数値が異なります。いろんな会社を分析し、事業の実態と重ね合わせながら、実質的な評価の目安を体得していってください。

なお、財務分析指標の計算式は、解説本によって微妙に差があります。本書では、できるだけ細部に入り込まないようにしながらも、分析指標の意味に論理的な整合性があること、また現場で使い易い財務分析指標であることを特に意識して解説しました。

（3）投資家にとって大切な分析指標

①株価に関する分析指標について

次に、投資家にとって大切な分析指標をいくつか説明しておくことにします。投資家にとって大切なのは基本的に株価と配当です。ここでも、図解を使うことによって、会社の業績と株式市場との関係が直感的に把握できると思います。

◇ＰＥＲ（Price Earnings Ratio、株価収益率）

株式市場が評価した会社の値段（時価総額＝株価×発行済み株式数）と、会社の当期純利益との関係を示しています。計算式は次の通りです。２つの式の違いは、時価総額で見ているか、１株あたりで見ているかです。

ＰＥＲ＝時価総額÷当期純利益
ＰＥＲ＝株価÷１株あたりの当期純利益

例えば株価が５００円で、１株あたりの利益が10円なら、ＰＥＲは50倍です。つまり、会社の利益に対して株価がどの程度になっているかを見る指標です。ＰＥＲが低ければ、会社の利益に対して比較的株価が低いことを意味し、一般的には「割安感がある」と言ったりします。

◇ＰＢＲ（Price Book-value Ratio、株価純資産倍率）

株式市場が評価した会社の値段と、会社の簿価純資産との関係を示しています。計算式は次の通りです。これも、２つの式の違いは、時価総額で見ているか、１株あたりで見ているかです。

ＰＢＲ＝時価総額÷純資産
ＰＢＲ＝株価÷１株あたりの純資産

これは１株あたりの純資産に対して、株価がどの程度になっているかを見る指標です。ＰＢＲが低ければ株価に「割安感がある」ことになります。ＰＢＲのひとつの評価基準は「１倍」です。つまり、株式市場が評価している企業の価値と、帳簿上の会社の価値であるＢＳの純資産合計の額が同じということです。ＰＢＲが「１」未満になると、１株あたりの純資産より株価が低いわけですから、株価は極めて低くなってしまっていることを意味します。

ＰＥＲとＰＢＲは、ＰＬとＢＳの間に「時価総額」を入れた図で理解すれば、それらの関係がよくわかります。次のページの図表附－３をご覧ください。

図表 附-3　**PLとBSと時価総額の関係**

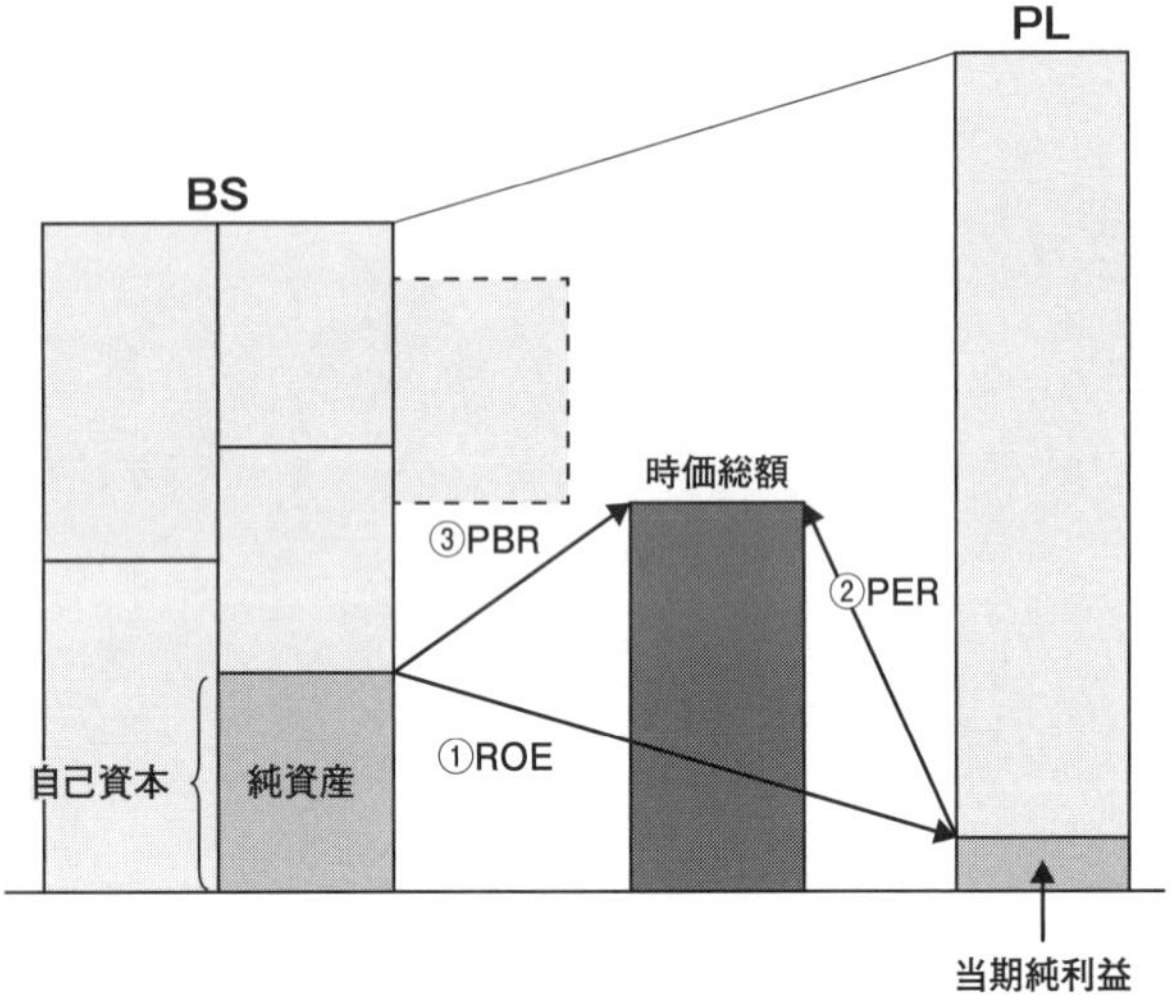

第1章から延々と説明してきた、重要な財務分析指標であるROEは、当期純利益を自己資本で割ったものです（図中の①）。PERは時価総額を当期純利益で割ったものです（②）。そして、PBRは時価総額を純資産で割ったものなのです（③）。

②配当に関する分析指標について

次は配当に関する指標です。

◇配当性向（％）

配当性向とは、その期の利益の

うち何%を配当として支払ったかを示す指標です。計算式は次の通りです。

配当性向(%)=配当金総額÷当期純利益×100

◇配当利回り(%)

株価に対して配当がどれぐらいの割合かを見る指標です。計算式は次の通りです。

配当利回り(%)=1株あたりの配当金÷株価×100

(4) 初版の『財務3表一体分析法』との計算式の違いについて

①財務レバレッジの計算式を変えた

2009年に出版した初版の『財務3表一体分析法』が2016年の改訂で旧版『財務3表図解分析法』になったときから、財務分析の計算式を一部変更しました。そして、今回の『新版 財務3表図解分析法』も、2016年の旧版『財務3表図解分析法』と同じ計算式を使っています。

2016年の改訂で変更したのは「財務レバレッジ」の計算式です。財務レバレッジの計算式を、総資本÷自己資本としたことで、ROEを計算するデュポン・モデルという全体の枠の中での納まりもよくなり、話がシンプルになりました。

初版の『財務3表一体分析法』で使った計算式は、有利子負債÷純資産合計であり、名前も「レバレッジ比率」を使っていました。初版からの違いが明確になるように、名前も「財務レバレッジ」に変更しました。

財務分析指標の計算式は法律で定められた定義があるわけではありません。初版では、シンプルさより、考え方の正確さを重視していました。

資金調達におけるレバレッジということを正しく言えば、資産を調達するための「長期資金」を自己資本によって調達しているのか、他人資本によって調達しているのかということです。負債の中には「買掛金」や「未払法人税等」や「預かり金」といった、本来資産を調達するためのものではない負債がたくさん入っています。また、短期借入金も基本的には資産調達のための借入ではなく、運転資金と言われる、通常の営業活動で必要になってくる資金需要に対応するための借入金です。

レバレッジ比率を正しく計算するときの他人資本とは、資産を取得するための長期資金である「長期他人資本」のことです。具体的には、固定負債の中の「長期借入金」「社債」「リース債務」などが長期他人資本です。

ただし、会計上1年以内に返済予定の長期債務は流動負債に入れられますから、長期他人資本という意味では、右記の3項目に加えて、流動負債の中の「1年以内返済予定

図表 附-4　**長期他人資本とは**

資産の部	負債の部
	流動負債
	買掛金
	短期借入金
	1年以内返済予定の長期借入金
	1年以内償還予定の社債
	リース債務
右側の太字が長期他人資本	未払法人税等
	預かり金
	固定負債
	長期借入金
	社債
	リース債務
	退職給付引当金
	純資産の部

の長期借入金」「1年以内償還予定の社債」「リース債務」などが入ってきます。図表 附－4の負債の部の中の太字の項目が長期他人資本です。

　以上の考え方が正確な考え方ではあるのですが、会計の専門家ではない人にとっては、すでに日頃使わない会計の専門用語が山のように出てきている中で、また新たに「長期他人資本」という言葉を持ち出して、数字を計算してもらうのは、かえって読者を苦しめることになると思いました。そこで、初版の『財務3表一体分析法』ではレバレッジ比率の分子は、図解分析で何度も出てくる「有利子負債」を使って計算することにしたのです。なぜなら、有利子負債と長期他人資本の差は短期借入金だけだからです。

しかし、こういう計算式にしたことで、初版では一部の読者の方をかえって混乱させることになったかもしれません。この場をお借りしてお詫びさせていただきます。

②一般的なROEの計算における「自己資本」とは

さらに、ROEの計算式についても少し説明しておきます。本書で使っているROEの計算式は、当期純利益÷自己資本です。初版の『財務3表一体分析法』で使ったROEの計算式は、当期純利益÷純資産合計でした。一般的には純資産の部の合計のことを自己資本と言いますから、初版のROEと今回のROEの計算式は同じです。

しかし、一般的なROEの計算式で使う分母の自己資本は、純資産合計ではないのです。一般的なROEの計算式で使う自己資本は、純資産の部の中の「新株予約権」と「非支配株主持分」は含まれないのです。

ここで、参考までに「純資産合計」「自己資本」「株主資本」という言葉について説明しておきます。読者のみなさんの中にも、これまでにいろんな本をお読みになって、「自己資本」と「株主資本」は何が違うのかと、疑問を持たれた方も多いのではないかと思います。

会社法が施行された2006年5月より前は、現在の「純資産の部」は「資本の部」と呼ばれていて、この「資本の部」のことを「株主資本」と呼んでいました。

図表 附-5のように、会社法が施行され「資本の部」という呼び名が「純資産の部」に変わっただけでなく、会社法施行前に「負債の部」にあった「新株予約権」と、負債と資本の中間項目だった「少数株主持分」が、「純資産の部」に入ってきました（以前「少数株主持分」と呼ばれていたものは、現在「非支配株主持分」と呼ばれています）。つまり、会社法施行前の「資本の部」と現在の「純資産の部」では額が違うのです。

さらに話をややこしくしたのは、会社法施行後の「純資産の部」の中に、資本金・資本剰余金・利益剰余金・自己株式をまとめて「Ｉ株主資本」という表記が現れたことです。

図表 附-5 **「純資産合計」と「自己資本」と「株主資本」の違い**

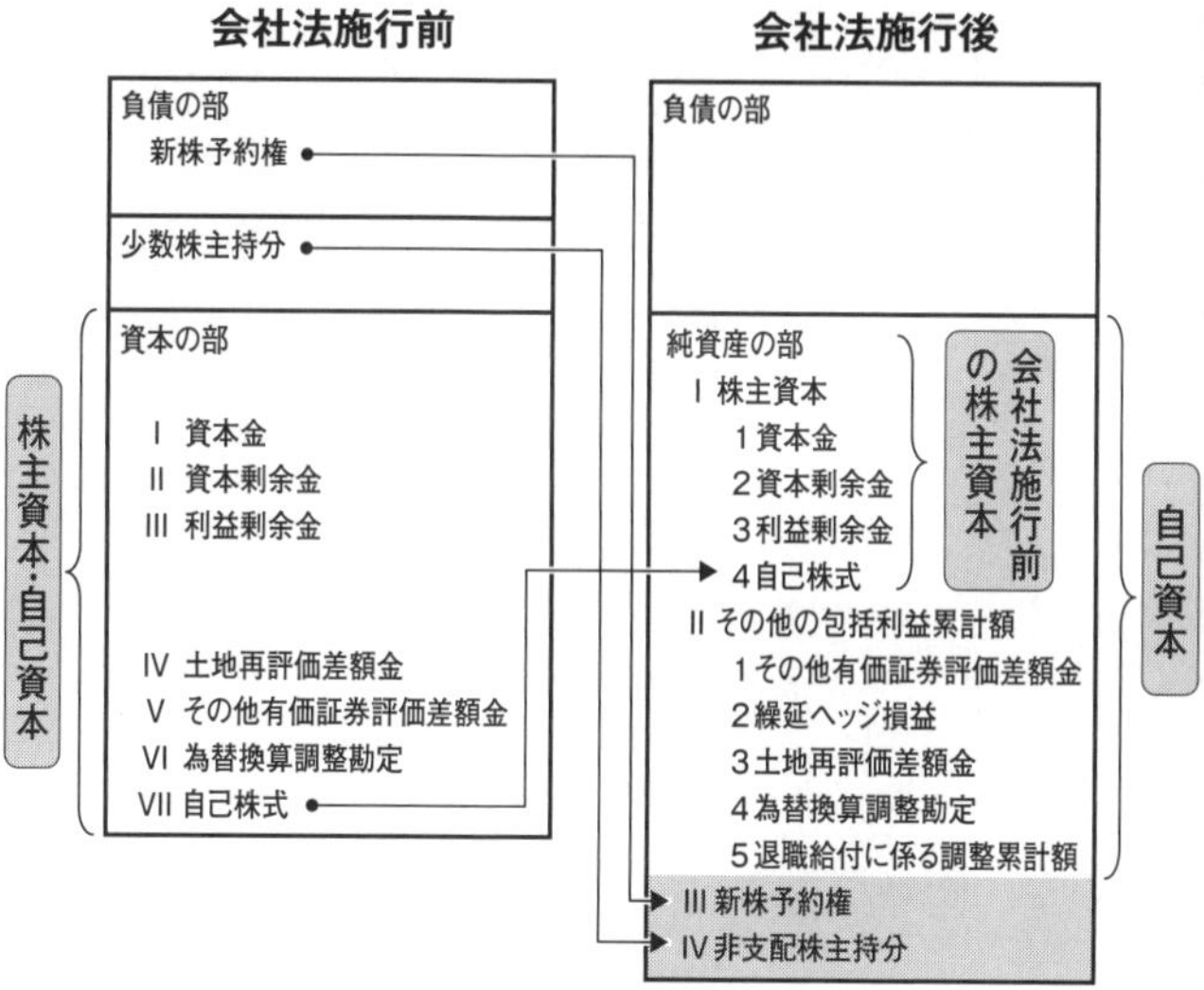

一般的に、従来から「株主資本」と「自己資本」は明確に区別されずに使用されており、会社法施行前はそれで実際上も支障はありませんでした。しかし、会社法施行以後、決算短信や有価証券報告書で開示されるROEの計算は、従前より「株主資本」や「自己資本」と呼ばれていた部分に相当する金額を使用すると明確に規定され、それを「自己資本」と呼ぶとされています。そうすることで、BS上の「株主資本」との混同が起きないようにし、従来からの計

算結果との比較に支障をきたさないようにしているのです。

つまり、会社法施行前に「株主資本」や「自己資本」と呼ばれていたものは、会社法施行後のBS上の「株主資本」とは別のものを指しており、BS上の「株主資本」と明確に区分する場合には、「自己資本」と呼ばれることが多いようです。

したがって、会社法施行前に出版された本で、財務分析指標の計算式に「株主資本」と書かれている項目は、BS上の「株主資本」ではなく、「自己資本」（純資産合計から「新株予約権」と「非支配株主持分」を差し引いた金額）と読み替える必要があります。ROE（自己資本利益率）のことを「株主資本利益率」と書いてある本も少なくないと思いますが、現在では「自己資本利益率」が一般的なのです。

ただし、繰り返しますが、本書のROEの計算式は、正しい意味での「自己資本」ではなく、「純資産合計」の意味での「自己資本」です。したがって、第2章で説明したソフトバンクのように、関係会社をたくさん保有し、非支配株主持分の額が多い会社では（ちなみに、ソフトバンクの2020年3月期における純資産合計に占める非支配株主持分の比率は約20%になっています）、本書で計算しているROEと、一般的な計算式でのR

OEとはかなりの差が出ているはずです。

また、本書の最後に追記するような形での説明になり恐縮ですが、第2章のBSの図では、繰延資産はすべて固定資産に含めています。さらに、第2章のBSの図の中の数字は、四捨五入の影響で各企業が発表している財務諸表の数字と微妙なズレが出ているところがあります。

本書は、財務分析の基本的な考え方を理解していただくのが一番の目的です。なので、財務分析指標の計算数値は概略の数字を使ったり、財務諸表の細かい数字に微妙なズレが出たりしている点があることをご理解いただければと存じます。

おわりに

『新版　財務3表一体理解法』を読み、さらに本書を読み終えれば、会計に関して全く知識がなかった人であってもかなりのレベルの財務分析ができるようになっていると思います。

ただ、財務分析のセンスをあげるには、たくさんの財務諸表を実際に分析して経験を積む必要があります。230・231ページの図表 附-2で示した財務分析指標の評価の目安も一般論としての目安にしか過ぎません。業界によっても目安になる数値は異なります。財務分析に興味が出てきた方は、みなさんご自身でたくさんの財務諸表にあたってセンスを上げていってください。

『新版　財務3表一体理解法』と本書を読み終えて次に取り組むべき本は『新版　財務3

表一体理解法 発展編』です。会計の基本がわかっても実際の財務諸表を見れば「退職給付引当金」「減損損失」「法人税等調整額」などといった言葉が出てきます。「退職給付会計」「減損会計」「税効果会計」などの新会計基準も勉強しておく必要があります。また、本書の第2章で触れたように、「のれん」や「自己株式の取得」の仕組み理解は、現代のビジネスパーソンの必須科目です。

さらに、会計の仕組みの完全理解という点では、BSの「純資産の部」が理解できていなければなりません。資本準備金や利益準備金といった項目がなぜ存在するのかがわかっていなければ会計が完全にわかったとは言えないと思います。もうひと踏ん張り頑張って、『新版 財務3表一体理解法 発展編』にもトライしてみてください。

ご紹介した『新版 財務3表一体理解法 発展編』などの「財務3表」シリーズは基本的に「財務会計」の本ですが、会計を現場で活用するという観点からは「管理会計」も学んでおく必要があります。

財務会計は企業外部の関係者に企業の情報を提供するための会計なので定義やルールが事細かに決まっています。しかし、管理会計は企業内部の経営管理のための会計なので明確な定義やルールがあるわけではありません。

管理会計に関する解説書を数冊読めばわかることですが、それぞれの著者が独自の視点・独自の構成で管理会計を説明しています。会計の専門家ではない人にとっては、管理会計に関して何をどのように学べばよいのか戸惑います。

ですが、管理会計は、英語の"Management Accounting"という言葉が示すように、事業をマネジメントするための会計です。事業をマネジメントするための会計なので、本書で説明した事業の全体像である［お金を集める］→［投資する］→［利益をあげる］という3つの活動を意識しながら、つまり財務3表を意識しながら管理会計を学べば、管理会計の全体像とその基本的な考え方が整理された形で理解できるのです。

『財務3表一体理解法「管理会計」編』（朝日新書）で、原価計算、予算による事業マネジメント（予算策定プロセス・損益分岐点分析・CVP分析・予実管理）、キャッシュフロー・マネジメント、投資評価や企業価値評価の方法といった管理会計の全体像とその基本的な考え方を勉強してみてください。

また、本書の182ページの「Coffee Break 2」でも触れましたが、財務諸表に表れているのは事業活動の結果でしかありません。良い結果にはそれをもたらす原因があります。その原因が事業の経営とかマネジメントとか言われるものです。

成果につなげるための経営とかマネジメントの本質を学ぶのは、やはりドラッカー経営学だと思います。時代を超えて実証済みの考え方です。この新しい知識社会で成功しているアマゾンやグーグルといった企業もドラッカーの言う通りに経営しています。ドラッカーの言う通りというより、道理にかなった経営をしているのです。

私は、ドラッカー経営学にさしたる興味があったわけではないのに、たまたまドラッカー経営大学院に留学しました。留学中もさほどドラッカー経営学を勉強したわけではありませんでした。しかし、帰国してコンサルタントとして働くようになってから、ドラッカー経営学の威力をまざまざと見せつけられることになりました。私には、ドラッカー経営学を理解し実践すれば、組織と従業員は恐ろしいまでに変わっていくという確信があります。

私が書いた本の紹介で誠に恐縮ですが、ドラッカー経営学に興味を持たれた方は次の本も参考にしてみてください。

『究極のドラッカー』（角川新書）
『現場のドラッカー』（角川新書）
『渋沢栄一とドラッカー　未来創造の方法論』（KADOKAWA）
『ドラッカーが教えてくれる「マネジメントの本質」』（日本経済新聞出版）
『成果をあげる経営陣は「ここ」がぶれない　今こそ必要なドラッカーの教え』（朝日新聞出版）

私はたいした取り柄もなく、この人生を右往左往しながら生きてきましたが、この歳になって少し感じるのは、「私の取り柄は、人様が難しいと思っている分野をわかりやすく伝えることではないか」ということです。ドラッカー経営学もなかなか理解が難しいと思われている分野です。右記の5冊は、「財務3表一体理解法」で会計の全体像とその本質をお伝えしたのと同じように、ドラッカー経営学の全体像とその本質をわかりやすく伝えようとしたものです。

最後にこの紙面をお借りして感謝の気持ちをお伝えしておきたい人がいます。ひとり目は、この15年間にわたって私の本の内容をチェックしてきてくれた友人です。事情があって名前は明らかにできないのですが、公認会計士の彼がいつも私の本を入念にチェックしてくれているおかげで、会計の専門家ではない私が、自信を持って会計の本を世に出すことができています。

2人目は、本書の図解分析用の作図ソフト『財務が見え〜る』を開発してくださった五十嵐義和さんです。『財務が見え〜る』がなければ、私は本書をひとりで執筆することはできなかったでしょう。PLとBSの図を手書きで作図していたころと比べると、作図時間は100分の1以下に短縮されました。

次は、朝日新聞出版「朝日新書」編集長の宇都宮健太朗氏と編集委員の首藤由之氏です。お二人は今回の改訂にあたって、「会計の初心者にわかりやすい」という視点で、改めて既存の私の書籍をチェックしてくださったり、今回本書の改訂のために新たに書き下ろした原稿を何度もチェックしてくださったりして、そこから貴重なアドバイスをいただきました。ちなみに、首藤さんは2007年に『決算書がスラスラわかる 財務3表一体理解法』を出版したときの朝日新書の編集担当者でした。「財務3表一体理解法」という書名の名付け親でもあり、その後「朝日新書」編集長、書籍編集部長を歴任されました。

最後は、本書の出版に関してご尽力いただいたすべてのみなさんです。本を出版する際に私はいつも思うのですが、一冊の本ができあがるまでには、図版作成・デザイン・校正・DTP・印刷など、プロの方々の大変なご尽力があります。

特に、本書の書籍用の図版の作成は大変だったと思います。初版の『財務3表一体分析法』からずっとお世話になってきた谷口正孝さんには今回も大変お世話になりました。

さらに、本書が読者のみなさんの手元に届くまでには、営業・取次・書店のみなさんの大変なご尽力があります。そのような、表にお名前の出てこないみなさんのご尽力によって、本書がいま読者のみなさんの手元に存在しているのだと思っています。

この場をお借りして、本書の出版にご尽力いただいたみなさんに、心より感謝申し上げます。

私は今年還暦を迎えました。私の残された人生の中で本書をあと何回改訂できるかわかりません。私はこれが最後になるかもしれないという想いで今回の改訂に臨みました。

本書によって、読者のみなさんがいろんな会社の財務分析をしてみたくなっているようであれば嬉しく思います。本書が多くのみなさんのお役に立つことを心から願っています。

國貞克則

國貞克則 くにさだ・かつのり

1961年岡山県生まれ。東北大学機械工学科卒業後、神戸製鋼所入社。海外プラント建設事業部、人事部、鉄鋼海外事業企画部、建設機械事業部などで業務に従事。1996年米国クレアモント大学ピーター・ドラッカー経営大学院でMBA取得。2001年ボナ・ヴィータ コーポレーションを設立。日経ビジネススクールなどで公開セミナーやeラーニングの講座を担当している。著書に『新版 財務3表一体理解法』『新版 財務3表一体理解法 発展編』(ともに朝日新書)、『渋沢栄一とドラッカー 未来創造の方法論』(KADOKAWA)、訳書に『財務マネジメントの基本と原則』(東洋経済新報社)などがある。

朝日新書
805

新版《しんぱん》 財務《ざいむ》3表《さんぴょう》図《ず》解《かい》分《ぶん》析《せき》法《ほう》

2021年2月28日第1刷発行
2024年9月30日第4刷発行

著　者　國貞克則

発行者　宇都宮健太朗
カバーデザイン　アンスガー・フォルマー　田嶋佳子
印刷所　TOPPANクロレ株式会社
発行所　朝日新聞出版
〒104-8011　東京都中央区築地5-3-2
電話　03-5541-8832（編集）
　　　03-5540-7793（販売）

Published in Japan by Asahi Shimbun Publications Inc.
ISBN 978-4-02-295114-4
定価はカバーに表示してあります。

落丁・乱丁の場合は弊社業務部(電話03-5540-7800)へご連絡ください。
送料弊社負担にてお取り替えいたします。